初中体育
教学理论与实践研究

□王建敏 著

CHUZHONG TIYU JIAOXUE LILUN
YU SHIJIAN YANJIU

陕西新华出版
陕西人民教育出版社
·西安·

图书在版编目（CIP）数据

初中体育教学理论与实践研究 / 王建敏著 . -- 西安 : 陕西人民教育出版社 , 2024. 9. -- ISBN 978-7-5757-0248-5

Ⅰ. G633.962

中国国家版本馆 CIP 数据核字第 2024QT6858 号

初中体育教学理论与实践研究

CHUZHONG TIYU JIAOXUE LILUN YU SHIJIAN YANJIU

王建敏 著

出版发行 陕西人民教育出版社

地　　址 西安市丈八五路 58 号

邮　　编 710077

经　　销 各地新华书店

印　　刷 天津旭丰源印刷有限公司

开　　本 787 毫米 ×1092 毫米 1/16

印　　张 12.625

字　　数 200 千字

版　　次 2024 年 9 月第 1 版

印　　次 2024 年 9 月第 1 次印刷

书　　号 ISBN 978-7-5757-0248-5

定　　价 72.00 元

前 言

青少年是国家和民族的未来，而教育则是中华民族伟大复兴的基石。要实现国家的长远发展目标，就必须优先发展教育事业，加快教育现代化的步伐。在中学教育体系中，体育教学作为重要的一环，承担着培养学生全面发展的使命。它不仅是提高学生身体素质的重要手段，更是培养德、智、体、美、劳全面发展的社会主义建设者和接班人的关键所在。因此，加强中学体育教学，不仅有利于学生身心健康的全面发展，而且是建设国家教育强国的重要举措。

长期以来，受应试教育思想的影响，体育教育并未得到应有的重视，体育课程常常被其他学科所挤占。这导致体育教学模式相对单一，缺乏创新和活力，教师缺乏教学的激情和创造力，学生对体育课程的兴趣逐渐减弱。因此，初中体育教学迫切需要转变思想，创新教学方法，体育教师队伍的培训和管理亟须加强。

本书致力于深入研究初中体育教学的理论与实践，全面探讨构建更有效的教学体系。通过导论部分，明确研究的背景、目的与意义，并详细介绍研究方法。通过探讨教育学基础、体育学基础和教学方法，建立了初中体育教学的理论框架。关注课程设计，研究内容包括课程目标的设置、具体内容的编写以及教学资源的利用与评估。在考察初中体育师资培训与发展时，讨论了培训体系、教师专业素养和发展机制等关键问题。强调创新教学方法、开展课外活动与社会实践，分享成功案例以提升教学质量。关注学生体育兴趣和参与度，探究兴趣培养和参与度提升策略。在发现初中体育教学中存在问题的同时，提出了未来发展的方向，包括理念更新和技术融合等方面。通过这项研究，我们旨在为初中体育教学提供全面的理论支持和实践经验，促进其不断进步与创新。

鉴于笔者的理论知识和实践经验有限，本书中难免会存在不足之处，恳请广大师生、各位专家和同行提出宝贵的意见和建议。您的反馈将有助于本书的再次修订与完善，使其符合实际需求，更具学术价值。

编 者

2024 年 2 月

CONTENTS 目录

第一章　导论

第一节　背景介绍

一、国家教育发展规划的要求

国家教育发展规划对体育教育的要求体现了国家对教育的重视以及对学生全面发展的期许。这些要求不仅影响着学校体育教育的实践，还指导着体育教育理论的发展和教育政策的制定。

首先，国家教育发展的规划要求体育教育要服务于国家的整体教育目标。随着中国现代化进程的推进，教育被视为国家发展的战略性支柱，而体育教育作为教育事业的重要组成部分，被赋予了更为重要的使命。国家教育发展规划要求体育教育要服务于培养德、智、体、美、劳全面发展的社会主义建设者和接班人的目标。这意味着体育教育不仅要注重学生的身体素质和健康发展，还要培养学生的思想道德素养、科学文化素质、审美情趣等。

其次，国家教育发展规划要求体育教育要贯彻素质教育理念。素质教育是中国教育改革的重要方向，其核心理念是注重学生的全面发展和个性发展。在体育教育中，素质教育要求体育课程不仅要关注学生的身体健康和运动技能，还要培养学生的情感态度、团队合作能力、创新精神等。因此，体育教育要将传统的技能教学与素质教育相结合，注重培养学生的综合素质和核心竞争力。

再次，国家教育发展规划要求体育教育要推动学校体育改革。学校体育教育改革是体育教育发展的重要动力，也是国家教育发展规划的重要内容之一。随着社会发展和教育观念的更新，学校体育教育面临着新的挑战和机遇。国家教育发展规划要求体育教育要进行改革创新，提高教育教学质量和效果，促进学生的身心健康全面发展。这意味着体育教育要不断探索符合学生发展规律和社会需求的教学模式和教学方法，积极推动体育教育的现代化进程和科学化进程。

最后，国家教育发展规划要求体育教育要强化教师队伍建设。教师是体育教育的核心力量，其素质和水平直接影响着教育教学的质量和效果。国家教育发展规划要求体育教育要加强教师队伍建设，提高教师的教育教学水平和专业素养，培养一支符合时代要求、适应教育改革需要、富有创新精神的高素质体育教师队伍。这对于推动体育教育的发展和提升学生体育素质具有重要意义。

综上所述，国家教育发展规划对体育教育提出了明确的要求，这些要求既是对传统体育教育的延续和发展，又是对体育教育改革的指导和推动，具有重要的现实意义和深远的历史意义。

二、体育教育发展的趋势

随着社会经济的不断发展和人们对健康生活的关注，体育教育在教育体系中的地位和作用越来越受到重视。在当今时代，体育教育的发展呈现出一些明显的趋势：

（一）全面发展

体育教育不再局限于传统的体育技能培养，而是更加注重学生的全面发展。除了培养学生的身体素质，还注重心理素质、社交能力、团队合作等方面的培养，以提升学生的综合素质。

（二）多元化教学内容

体育教育内容逐渐向多元化方向发展，不仅包括传统的体育项目，还包括健身运动、户外探险、极限运动等形式，以满足学生的个性化发展需求。

（三）技术融合

随着科技的发展，体育教育开始融入新技术，如智能穿戴设备、虚拟现实技术等，为教学提供了更丰富的资源和更具个性化的体验。

（四）注重体育与健康的关系

体育教育不仅注重培养学生的体育技能，而且强调体育与健康的关系，倡导健康的生活方式，提高学生对身体健康的认识，培养良好的运动习惯。

（五）社会参与和实践

体育教育越来越注重学生的社会参与和实践能力。开展社会体育活动、志愿者服务等活动，增强学生的社会责任感和提高团队协作能力。

（六）个性化教学

针对学生的个体差异，体育教育开始探索个性化教学模式，注重因材施教，让每名学生都能在体育教育中找到并培养自己的兴趣，激发自己的潜能。

（七）跨学科整合

体育教育逐渐与心理学、营养学等其他学科整合，开展跨学科的教学活动，促进学科之间的交叉融合。

体育教育发展的趋势是朝着多元化、技术融合、健康关怀、社会参与、个性化和跨学科整合的方向全面发展。这些趋势将推动体育教育更好地适应时代发展的需求，促进学生身心全面发展。

三、社会对学生体质健康问题的关注

随着生活水平的提高和科技的不断发展，青少年沉迷电子产品、饮食习惯不健康等因素导致了学生肥胖问题日益严重化。中国疾病预防控制中心发布的《2019 年中国居民营养与健康状况调查报告》显示，中国儿童和青少年肥胖率持续上升，截至 2019 年，全国儿童和青少年超重率为 20.4%，肥胖率为 9.7%。这些数据显示了学生肥胖问题的普遍性和严重性，引起了社会各界的高度关注。

另外，学生体质差的问题也备受关注。随着社会生活节奏的加快和学业负担的加重，学生普遍缺乏体育锻炼，导致学生出现体能下降、抵抗力减弱等问题。教育部体育卫生与艺术教育司发布的《2019年中国学生体质与健康调研报告》显示，全国学生体质健康状况总体呈下降趋势。数据显示，2019年全国中小学学生平均身高、体重、肺活量、体能等多项指标与前几年相比均有下降趋势。这些数据表明，学生体质差的问题已经成为一个普遍存在的社会问题。

针对以上问题，全社会都在积极采取多项措施加以解决。政府部门加大了对体育教育的资金投入力度，推进学校体育设施建设和体育课程改革，延长并提高学生体育锻炼的时间和质量；学校积极推动体育课程改革，丰富体育课程内容，增加体育课外活动，鼓励学生积极参与体育锻炼；社会各界开展了大量的健康教育宣传活动，引导学生树立正确的健康观念，养成良好的生活习惯；家长也开始关注孩子的体育锻炼，积极参与到孩子的体育活动中，给予孩子更多的支持和鼓励。

四、初中体育教学现状

当前，初中体育教学面临着多方面的挑战和困境。

（一）体育课程内容选择不合理

虽然教材改革取得了一定的成果，但在实际教学中，教师往往局限于教材内容，忽视了学生的兴趣爱好和学习规律。体育教学的创新性不足，导致教学内容缺乏新意，难以吸引学生的注意力，影响了教学效果。

（二）体育教学重视程度不够

受传统教育观念的影响，教师和学生对体育教学的重视程度相对较低。学校教育普遍偏重应试教育，导致教师和学生对体育教学的重要性认识不足，致使体育教学活动无法充分发挥其应有的作用。

（三）体育教学设施不足

由于资金投入不足和设施维护不力，许多学校的体育教学设施相对薄弱。缺乏必要的体育器材和场地，限制了教师教学内容的选择和教学活动的开展，影响了教学质量和教学效果。

（四）评价方式不合理

传统的评价方式主要侧重于学生的技能水平，从而忽视了学生的个体差异。因此，需要倡导科学、全面的评价体系，综合考量学生的身体素质、运动技能以及态度和价值观等，以便更好地促进学生全面发展。

（五）初中体育教师的专业素养不足

一些体育教师的专业水平相对较低且教学经验不足，部分学校甚至存在调岗教师充当体育教师的情况。这些教师因缺乏专业知识和教学技能，影响了体育课程的教学质量和教学效果。

综上所述，初中体育教学现状存在诸多问题，需要采取有效的措施加以解决。只有通过改革创新，提升教师素质，优化教学环境，才能更好地推动初中体育教学的发展，促进学生身心全面发展。

第二节　研究目的与意义

一、研究目的

（一）系统梳理初中体育教学的理论框架

通过对教育学基础、体育学基础以及教学方法等方面的研究，建立起初中体育教学的理论框架，深入探讨体育教学的内在逻辑和规律。

（二）分析初中体育课程设计的关键要素

探讨初中体育课程目标设置、课程内容安排以及教学资源与评估等方面的关键要素，为优化课程设计提供理论支持和实践指导。

（三）探索初中体育师资培训与发展机制

研究师资培训体系、体育教师专业素养以及教师发展机制等方面的问题，为提升教师教学水平和专业能力提供路径和策略。

（四）借鉴创新教学方法与成功案例分享

分析创新教学方法的应用和成功案例的经验，探讨如何通过创新教学手段和教学方法提升初中体育教学的效果和质量。

（五）研究初中生体育兴趣和参与度

调查研究初中生体育兴趣的培养和参与度的提升策略，促进学生对体育活动的积极参与和全面发展。

（六）分析初中体育教学中的问题与挑战

探讨教育资源不足、学生身体素质下降以及教学模式单一等问题的成因和解决对策，为解决当前体育教育面临的挑战提供思路和建议。

（七）探索初中体育教学的未来发展方向

思考教学理念更新和技术融合等方面的发展趋势，提出初中体育教学未来发展的策略和方向。

二、研究意义

《初中体育教学理论与实践研究》的研究意义体现在多个方面，从促进学科发展到提升教学质量，再到培养学生综合素质，都有着重要的价值。

首先，本研究有助于促进学科发展。体育教育作为学校教育的重要组成部分，其教学理论与实践的研究不仅关系到学科内部的发展，还影响到整个教育领域的进步。通过对初中体育教学的理论框架、课程设计、教师培训等方面进行深入研究，有望为体育教育学科的发展提供新的思路和方法，推动体育教育朝着更加科学、规范、有效的方向发展。

其次，本研究有助于提升体育教学质量。通过对体育教学方法的深入探讨和实践案例的分析，可以发现教学中存在的问题和不足，总结出解决问题的有效策略和方法。这些策略和方法可以为教师提供实用的教学指导，帮助其更好地设计和实施体育教学活动，以提高教学效果和增强学生的学习体验。

再次，本研究有助于培养学生的综合素质。初中阶段是学生身心发展的关键时期，体育教育不仅对学生的身体健康有着直接的影响，还对他们的心理素质和社会适应能力起着重要的塑造作用。通过深入研究初中生体育兴趣的培养和参与度的提升策略，可以更好地激发学生的学习热情和参与积极性，促进其身心全面发展。

最后，本研究有助于提升教师的教学水平和专业素养。通过分析初中体育师资培训体系和教师专业素养，可以为教师提供更加系统和完善的培训方案，提升其教学能力。同时，研究教师发展机制，有助于为教师的职业发展提供更多的支持和机会，激发其工作热情和创新能力。

综上所述，《初中体育教学理论与实践研究》具有重要的研究意义。通过对初中体育教学的深入研究，可以促进学科发展，提升教学质量，培养学生综合素质，同时也有助于提升教师的教学水平和专业素养，为初中体育教学的发展做出积极贡献。

第三节　研究方法

本研究采用了多种研究方法，以全面深入地探讨初中体育教学的理论与实践。具体方法包括但不限于：

一、文献资料法

利用中国知网、万方学位论文全文数据库等资源，广泛收集与初中体育教学相关的文献资料。

首先，进行系统性的文献搜索，利用各种检索工具和关键词，从中国知网、万方学位论文全文数据库等渠道，收集国内外发表的关于初中体育教学（教育学、体育学、教学方法学等相关领域）的研究文献。

其次，对前期相关文献进行梳理和分析。通过对已有文献的阅读和总结，厘清体育教学的发展历程，了解目前研究的主要趋势和热点问题。这有助于确定研究的方向和重点，为后续研究提供理论支撑。

最后，选择适用于本研究的教育学等相关学科的理论支撑。在文献资料的基础上，挖掘和选用与初中体育教学相关的理论和观点，为研究的展开奠定基础。这些理论支撑将有助于深入探讨初中体育教学的理论与实践，并为研究的结论提供有力的论据。

二、深度访谈法

通过与教师进行面对面的交流，了解其对体育教学目标、教学方法、教学资源等方面的看法和实践经验。教师是体育教学的直接实施者，教师的经验和见解对于研究初中体育教学的有效性和可行性具有重要参考价值。通过与学生进行深入的对话，了解其对体育课程内容、教学方法、教学环境等方面的感受。学生是体育教学的直接受益者，学生的意见和建议有助于我们更好地了解体育教学的实际效果和影响。

三、实地观察法

通过对不同地区、不同学校的体育教学实践进行实地观察，深入了解体育教学过程中存在的问题、挑战和创新实践，为研究提供直观资料。

四、案例分析法

选择具有代表性和启发性的体育教学实践案例。通过对案例的背景介绍、教学设计、实施过程和效果评价等方面进行分析，了解案例中涉及的教学策略、方法和技巧，并评估其对学生学习和发展的影响。分析案例中可能存在的挑战、困难或失败，探讨教师如何应对和解决这些问题，以及采取了什么样的措施和策略来提升教学效果。从案例中提炼出成功的教学经验和有效的教学方法，探讨其背后的原因和特点，为其他教师提供可借鉴的经验和启示。结合案例分析的结果，思考如何将先进的体育教学理念和方法应用到以后的教学实践中，以提升教学质量和教学效果。

第二章　初中体育教学理论框架

第一节　教育学基础

在构建初中体育教学理论框架的过程中，教育学基础是不可或缺的重要组成部分。教育学作为一门学科，深入探讨了教育的本质、目的以及教育活动的规律性，为体育教学提供了坚实的理论基础。通过对教育学基础的深入理解和运用，我们能够更好地把握初中体育教学的方向和方法，使之更加符合学生的身心发展需求，促进其全面、健康地成长。

一、教育学理论

（一）发展阶段理论

发展阶段理论是指一系列心理学理论，旨在描述和解释人类在不同年龄阶段的发展特点、需求和能力。这些理论强调心理发展是一个连续的过程，经历一系列充满质变的阶段，每个阶段都有其独特的心理特征。在教育领域，发展阶段理论被广泛运用于课程设计、教学方法和学生管理等方面，以更好地满足学生的发展需求。

1. 理论概述

（1）皮亚杰的认知发展阶段理论

皮亚杰的认知发展阶段理论是心理学中的经典理论之一，强调了人类认知能力在成长过程中经历的四个阶段。感觉运动阶段（出生至 2 岁）。在这个阶段，婴儿通过感觉和运动活动来初步认识世界，他们通过触摸、品尝、抓取等行为与环境进行互动，逐渐建立起对周围环境的基本认知。前运算阶段（2

岁至 7 岁）。在这个阶段，儿童开始展现出符号运用的能力，例如语言和图画。他们能够使用简单的符号来表达自己的想法和情感，但他们的思维仍然受限于具体的物体和事件，缺乏逻辑推理能力。具体运算阶段（7 岁至 11 岁）。在这个阶段，儿童逐渐掌握了逻辑思维和具体操作的能力，能够进行简单的加减乘除等数学运算，同时开始理解时间、空间和数量等概念。形式运算阶段（11 岁至成人）。在这个阶段，儿童的思维变得更加抽象和系统化，能够进行复杂的推理和解决问题，具备更高级的思维能力，例如思考数学和进行逻辑推理。总的来说，整个认知发展过程是一个渐进的、阶段性的过程，每个阶段都为下一个阶段的发展奠定了基础，同时也受到环境和教育的影响。因此，教育者应该根据学生所处的发展阶段，采用相应的教学方法和教学内容，以促进学生认知能力的发展。

（2）埃里克森的心理社会发展理论

埃里克森的心理社会发展理论是一种描述人类生命周期的理论，将人的一生划分为八个阶段，每个阶段都有特定的心理社会危机需要面对和解决。①婴儿期（0~1.5 岁）：基本信任对不信任的心理冲突。在这个阶段，婴儿的主要任务是建立对父母或主要照顾者的信任，以满足基本需求并建立安全感。如果婴儿得到了充分的关爱和满足，他们就会形成信任感；反之，则可能形成不信任感。②儿童早期（1.5~3 岁）：自主对害羞（或怀疑）的冲突。在这个阶段，幼儿开始发展自我意识和自主性，他们试图探索环境并表达自己的意愿。如果他们的努力受到了肯定和支持，他们就会建立起自尊心和自信心；反之，则可能会产生羞耻感和自我怀疑。③学前期（3~6、7 岁），主动对内疚的冲突。在这个阶段，幼儿开始培养独立性和责任感，他们希望获得成人的认可和尊重。如果他们在这个过程中受到了积极的鼓励和指导，他们就会培养出积极的倡导感；反之，则可能产生自我怀疑和疑惑感。④学龄前（6、7 岁 ~12 岁）：勤奋对自卑的冲突。在这个阶段，儿童开始培养学业和社交技能，并逐渐建立起自我认同。如果他们在学习和社交方面取得了成就，他们就会感到勤奋和自豪；反之，则可能会感到内疚和自责。⑤青春期（12~18 岁）：自我同一性对角色混乱的冲突。在这个阶段，青少年开始探索自我身份和社会角色，他们渴望与同龄人建立深层次的关系。如果他们能够建立起健康的同辈关系，他们就会产生归属感和自信心；反之，则可能产生孤立感和不安。⑥成年早期（18~30岁）：亲密对孤独的冲突。在这个阶段，成年人开始建立亲密的、持久的关系，并承担起家庭责任和社会责任。如果他们能够建立起稳定的亲密关系，他们就会感到爱与满足；反之，则可能会感到孤独和失落。⑦成年中期（30~60岁）：繁殖对停滞的冲突。在这个阶段，成年人开始关注事业发展和社会贡献，并反思自己的生活意义。如果他们能够实现自己的人生目标并做出贡献，他们就会感到有成就感；反之，则可能产生停滞感和无所作为感。⑧成年晚期（60岁以上）：完美感与绝望感的冲突。在这个阶段，老年人开始回顾生活，并接受自己的过去和现在。如果他们回顾一生觉得过得很有价值，他们就会感到充实和满足；反之，则可能会产生绝望和后悔。总的来说，埃里克森的心理社会发展理论强调了生命周期中不同阶段的发展任务和心理状态，为教育者提供了指导，帮助学生更好地成长和发展。

（3）布鲁纳的社会文化理论

布鲁纳的社会文化理论是关于人类认知和学习的一种重要理论，强调了社会环境对个体发展的重要性。根据他的理论，人类的思维和学习是在社会交往和文化传承的过程中形成的。布鲁纳认为，个体的认知能力和学习行为受到他们所处的社会文化环境的影响，而且认知的发展是社会和文化实践的产物。

在布鲁纳的理论中，社会文化环境被视为塑造个体认知发展的关键因素。他强调了文化在认知发展中的作用，认为文化不仅影响着个体的价值观和信念，还塑造了他们的思维方式和学习方法。例如，不同文化背景下的个体可能会对问题的解决方式产生不同的认知策略和思考模式。

在教育实践中，布鲁纳的社会文化理论为教育者提供了重要的启示。教育者应该意识到学习不仅是个体内在的过程，还是社会和文化交往的产物。因此，他们应该创造出富有文化意义和社会互动的学习环境，鼓励学生参与社会实践和文化活动。通过与他人的交流和合作，学生可以更好地理解和运用所学的知识，培养跨文化沟通能力和社会适应能力。

2. 为初中体育教学带来的启示

发展阶段理论是初中体育教学的重要理论基础之一，它为教师提供了指导，帮助教师更好地了解学生的发展特点和需求，从而设计出更为有效的教学策略和课程内容。

（1）个体差异的认识

个体差异的认识在初中体育教学中至关重要。发展阶段理论的核心在于认识到学生在不同年龄段的发展特点和需求上存在着显著的差异。这些差异涵盖了身体、认知和社会等方面，对体育教学的设计和实施都产生了深远的影响。

首先，学生的生长发育水平可能存在着明显的差异（包括身体柔韧性、力量、耐力等方面）。有些学生身体素质较佳，有些学生则相对较弱，教师需要在教学中考虑到这些差异，采用不同难度和挑战性的活动来满足不同学生的需求，确保每名学生都能够参与并获得发展。

其次，学生的认知发展水平不尽相同。有些学生在逻辑思维和问题解决能力上较为突出，有些学生则相对薄弱。因此，在教学中，教师需要结合学生的认知水平设计合适的教学内容和教学任务，帮助学生充分理解和掌握体育知识与技能。

最后，学生的兴趣爱好、性格特点以及家庭背景等因素都会对其在体育教学中的表现产生影响。教师应该了解每名学生的个性和特点，倾听他们的声音，尊重他们的选择，并根据个体差异调整教学方法和教学风格，使每名学生都感受到被理解和被关爱。

综上所述，教师在初中体育教学中需要深刻认识到学生之间存在的个体差异，并针对这些差异有针对性地设计和实施教学。通过关注学生的身体、认知和社会发展，教师可以更好地满足每名学生的学习需求，促进其全面发展。

（2）关注学生身心发展

在初中体育教学中，关注学生的身心发展是至关重要的。发展阶段理论认为人类的发展是一个综合的过程，包括身体、认知、情感和社会方面的发展。

因此，在教学中，教师不仅需要关注学生的运动技能和身体素质，还需要关注学生的认知水平、情感状态和社会交往能力。

体育教学是培养学生身体素质和运动技能的重要途径。通过各种体育活动和训练，学生可以锻炼身体，提高体能，增强体质。教师应该设计多样化的体育活动，满足学生在不同运动项目上的需求，让每名学生都能找到适合自己的运动方式，培养其对体育运动的兴趣。

随着学生认知水平的不断发展和成熟，教师应该根据学生的认知水平和发展需求，设计符合学生能力水平的教学内容和教学任务，帮助其提高解决问题的能力和逻辑思维能力。通过挑战性的课堂活动激发学生的思维活力，促进其认知发展。

初中阶段是学生情感和社会认知能力的快速发展时期。教师应该注重培养学生的团队合作精神、情感管理能力和社会交往技巧。通过团体活动、合作竞赛等方式，培养学生的集体荣誉感和责任意识，培养学生良好的情感表达能力和人际关系的建立。

（3）培养终身运动习惯

发展阶段理论认为，教育不仅应关注学生的短期发展，还应为学生的终身发展奠定坚实的基础。因此，教师在教学中应注重培养学生对体育运动的持久兴趣和积极态度，使体育活动充分融入学生的日常生活中。

首先，教师可以通过设计多样化且富有趣味性的体育活动来激发学生的兴趣。体育教学不应只局限于传统的体育项目，而应根据学生的兴趣和特长，引入各种各样的体育运动和体育活动，如篮球、足球、羽毛球、游泳等，让学生有更多的选择空间。同时，教师可以利用游戏化的教学方法，设置有趣的游戏和挑战，增加学生参与体育运动的乐趣和动力。

其次，教师应该注重教育学生关于体育运动的意义和价值。通过课堂讨论、案例分析等方式，向学生介绍体育运动对身体健康、心理素质和社交能力的积极影响，激发学生对体育运动的认知和理解。同时，教师还可以邀请体育爱好者来校分享他们的运动经验和收获，使学生从中获得启发和感受。

最后，教师可以组织丰富多彩的体育活动和比赛来调动学生参与的积极性。学校可以定期举办健身活动、运动会等，给学生提供展示自我的机会，提高学生的参与热情和竞争力。通过参与这些活动，学生不仅能够提升自身的运动水平，还能够体验到运动带来的快乐和成就感。

总的来说，发展阶段理论对初中体育教学的启示是多方面的，教师要充分理解学生的发展特点和需求，设计出更为有效、个性化的教学方案，促进学生身心的全面发展和培养终身运动的习惯。

（二）建构主义理论

建构主义理论强调学习是学习者通过积极参与来建构知识的过程。在这一理论中，学习者被视为积极主体，通过自主的探索和实践来建构新的知识和理解。学习者不是被动地接受信息，而是主动参与并与环境互动，从中获得新的认知。这种观点强调了学习者的主动性和积极性，认为学习是一个主动参与的过程，而不是被动接受的结果。另外，建构主义理论还强调了社会互动在学习中的重要性。学习者通过与他人的交流、合作和分享来共同建构知识。这意味着学习不仅是个体的行为，还包括与他人的互动和社会环境的影响。因此，教师应该创造富有合作性和互动性的学习环境，以促进学生之间的交流与合作。

在建构主义理论中，知识的建构是一个积极的过程。学习者通过自己的经验、观察和思考来建构新的知识结构，并不断调整和修正自己的认知模式。这意味着学习者在学习过程中不是被动地接受信息，而是通过自己的思考和体验来积极地建构新的认知。为了促进学生的建构式学习，教育者应该采用问题导向的学习、探究式学习、项目学习、合作学习等一系列的教学方法，这些方法都能够激发学生的好奇心和探索欲望，促进学生的知识建构过程。在建构主义理论中，教师的角色也发生了变化。教师不再是传统意义上的知识传授者，而是学习的引导者和促进者。教师应该起到引导学生思考、提出问题、组织学习活动、提供支持和反馈的作用，从而帮助学生更好地进行知识建构。通过这种方式，教师能够更好地掌握学生的学习过程，创造有利于学生积极参与和建构知识的学习环境，从而促进学生的全面发展。

在初中体育教学中，建构主义理论为教师提供了许多启示和指导。首先，教师应该设计各种各样的体育活动，以激发学生参与的积极性和增强体验感。通过学生亲身实践、探索和解决问题，使其更深入地理解体育知识和技能，并将其纳入自己的认知框架中。例如，通过小组合作游戏、项目实践等形式，学生可以积极参与并体验到团队合作的重要性，使其逐步构建起对团队协作和沟通的深入理解。

其次，教师应该创造支持性的学习环境，鼓励学生之间的合作和互动。在体育教学过程中，通过组织集体活动、团队比赛以及倡导同伴互助等多样化的学习方式，可以有效地提高学生间的互动性，帮助他们共同建构知识和技能。例如，在团队项目中，学生可以相互协作、交流和分享经验，从中获取更多的学习收获，并在社会互动中提升自己的学习能力。

最后，教师应该注重培养学生的自主学习能力和自我反思能力。建构主义理论强调学生的主动性和自主性，因此教师应该给予学生更多的自主权和选择权，让学生根据自己的兴趣和能力来选择学习内容和学习方式。同时，教师还应该引导学生进行反思和总结，帮助学生更好地调整和改进学习方法。

总的来说，建构主义理论为初中体育教学提供了重要的指导和启示。通过设计富有挑战性和探索性的活动，创造支持性的学习环境，培养学生的自主学习和自我反思能力，教师可以更好地促进学生的认知发展和提升综合素养。

（三）运动学习理论

运动学习理论是关于人类如何学习和掌握运动技能的研究领域。这一理论包含了许多不同的观点和理念，包括认知控制理论、动作控制理论和生态动作理论等。这些理论都强调了学习过程中的认知、感知和行为方面的重要性。

认知控制理论认为，学习运动技能的过程是通过思考问题和解决问题来控制运动行为的。学习者需要观察和模仿他人的示范，在练习中逐步调整和提升自己的技能。这一理论强调了学习者对任务和目标的认知，以及在学习过程中不断进行反思和调整的重要性。

动作控制理论着重于运动执行过程中的神经控制和运动规划。该理论认为，运动技能的学习是通过大脑对神经系统的控制来实现的，学习者需要通过练习和重复来建立起神经通路和运动程序。这一理论强调了练习和反复的重要性，以及在学习过程中培养正确的动作模式和运动技能的关键性。

生态动作理论强调了运动环境对运动学习的影响。该理论认为，学习者在不同的环境条件下会展现出不同的运动行为，因此教师需要根据环境的变化来调整教学方法和教学策略。这一理论强调了学习者与环境的互动和适应能力，教师在教学实践中需要创造多样化和丰富性的运动环境。

在初中体育教学中，教师可以结合以上运动学习理论，通过以下方式来帮助学生学习和掌握各种运动技能：

1. 示范：教师可以通过自身示范正确的运动技能或引导学生观看其他同学或者专业选手的示范来帮助学生学习和模仿。

2. 练习：教师可以设计各种练习活动，让学生有机会在不同的环境和条件下进行大量练习，逐步提高其运动技能水平。

3. 反馈：教师可以通过观察学生的表现，提供积极的反馈和指导，帮助其发现问题和纠正错误，进一步提高学生的运动技能水平。

运动学习理论为初中体育教学提供了重要的理论基础和指导原则。通过结合认知控制理论、动作控制理论和生态动作理论等，教师可以更加有效地设计教学活动，帮助学生学习和提高各种运动技能，从而促进其身心全面发展。

（四）激励理论

激励理论是研究个体动机和激励因素的理论框架，旨在理解人们参与学习、工作和行为的原因，并指导如何激发个体的积极性和行为动力。在初中体育教学中，激励理论可以为教师提供重要的指导，帮助其有效地激发学生的学习兴趣和提高积极性，促使学生更好的学习和发展。

激励理论强调了个体的内在动机。内在动机是指个体出于自身的兴趣、快乐和满足感等内部因素而产生的行为动机。在体育教学中，教师可以通过设计有趣的体育活动，激发学生的内在兴趣和热情。例如，组织多样化、富有挑战性的体育游戏和运动项目，使学生感受到运动带来的乐趣和成就感，从而增强其内在动机。

激励理论强调了外在激励因素的重要性。外在激励因素包括表扬、奖励和认可等形式，可以通过这些方式来激励学生的积极表现并使他们继续努力。在体育教学中，教师可以及时给予学生积极的反馈和肯定，表扬学生的优秀表现和取得的进步。此外，可以设立一些奖励机制，如优秀运动员奖、体育比赛冠军等，以此激励学生更加积极地参与体育活动和体育训练。

除此之外，激励理论还强调了目标设定和自我效能感的重要性。学生在设定具体的、可实现的目标时，会更加努力地学习和提高水平。因此，教师可以帮助学生根据自身情况设定个人学习目标和体育训练目标，并提供必要的支持和指导。同时，教师还可以通过鼓励和信任，增强学生的自我效能感，使其相信自己能够克服困难、取得成功。激励理论为初中体育教学提供了重要的理论支持和理论指导。

总的来说，通过综合运用这些教育学理论，初中体育教学能够更加全面的关注学生的身心发展需求，从而有效地促进学生全面发展。

二、教育技术基础

（一）教育技术的概念

教育技术是以计算机、互联网、多媒体教学、虚拟现实、增强现实等为基础，运用教育技术手段和方法，辅助教学过程，提高教学效果，促进学生学习的一种教学手段和方法体系。

教育技术的概念包含以下几个方面：

1. 科技手段的应用

教育技术是利用现代科技手段，如计算机、互网络、多媒体等，为教学活动提供支持和辅助以提高教学效率和教学质量。

2. 教学过程的辅助

教育技术不是替代教师，而是为教师的教学活动提供支持和辅助。它可以在教学过程中作为工具和资源，帮助教师更好地组织教学内容、展示教学资源、激发学生兴趣，从而达到更好的教学效果。

3. 学习环境的改善

教育技术的应用可以改善学习环境，为学生提供更加丰富、多样化的学习资源和交互机会。通过利用互动性强的多媒体教学软件、网络学习平台等，学生可以在更加自主、灵活的学习环境中进行学习，促进学生的个性化、自主化学习。

4. 教学效果的提高

教育技术的应用有助于提高教学效果，激发学生的学习兴趣和提高积极性，促进其对知识的消化和理解。通过多媒体教学、虚拟实验等方式，教师可以生动形象地展示教学内容，激发学生的好奇心和探索欲，提升其学习动力和提高参与度。

（二）教育技术在体育教学中的作用

教育技术在体育教学中扮演着重要的角色。首先，教育技术提供了丰富多样的教学资源，如图像、视频、动画等多媒体资料，这些资源生动地展示了体育动作、技能和比赛情况，使学生能够更直观地理解和掌握体育知识，增强了学习的趣味性和学习效果。其次，教育技术拓展了体育教学的学习空间，使体育教学不再受限于传统的课堂和操场。利用网络平台和移动设备，学生可以随时随地进行学习，实现了学习时间和学习地点的灵活性。再次，教育技术实现了个性化学习，根据学生的特点和需求提供个性化的教学设计和教学指导，促进了学生的个性化发展。同时，教育技术也促进了学生之间的互动与合作，通过网络平台和在线讨论，学生可以与同学、教师进行实时互动，共同探讨问题，加强了学习的交流和合作。最后，教育技术实现了实时的学习反馈和学习评估，教师可以及时了解学生的学习情况和表现，为其提供具有针对性的指导和反馈，帮助学生提高学习效率。

第二节　体育学基础

体育学基础是初中体育教学理论框架中的重要组成部分，它涵盖了多个领域，为体育教学提供了坚实的理论基础和方法论支持。

一、体育与学校体育

（一）体育的概念

体育是人类社会中一项重要的全民活动，它涵盖了广泛的领域，包括竞技体育、健身运动、休闲娱乐等。体育活动不仅是健康和娱乐的手段，更是一种文化传承和社会进步的重要标志，它不仅在体育场馆内展现，还渗透在日常生活中。

首先，体育是一种身体活动，其目的在于通过运动和锻炼来保持身体健康。从生理学的角度来看，运动可以促进血液循环、增强心肺功能、加强肌肉力量，有助于预防心血管疾病、肥胖症等健康问题的发生。此外，运动还可以提高免疫力、调节激素水平，改善睡眠质量，对身体和心理的健康都具有积极影响。

其次，体育是一种竞技和娱乐活动，通过个人或团体之间的竞争，展现出个人的毅力、技能和团队精神。体育竞赛的胜负结果，往往会引起社会的广泛关注，激发人们的热情和参与度，成为人们日常生活中不可或缺的一部分。

再次，体育是一种教育和社会化的手段，通过参与体育活动，人们可以培养自律、坚忍不拔等品质，学会积极面对各种挑战和失败，塑造健康、阳光、积极向上的人格。

最后，体育还具有社会和文化意义，是各种民族文化的载体和表现形式。许多体育项目具有深厚的历史文化内涵，它们承载着民族文化的传承和发展，成为人们了解和认识不同文化的窗口。同时，体育也是社会团结和凝聚力的重要来源，它能够促进不同群体间的交流和融合，增强社会的和谐稳定。

总的来说，通过参与体育活动，人们可以增强身体素质，培养各种品质，促进社会的发展和进步。

（二）学校体育的产生与发展

学校体育是指在学校教育体系内开展的体育活动，旨在增强学生的身体素质，促进学生全面发展。学校体育的产生与发展有着漫长而丰富的历史，其在西方和我国有着各自独特的发展路径。

在西方，学校体育的历史可以追溯到古希腊时期。古希腊的教育体系强调人身体和智力的全面发展，体育活动被视为塑造公民道德品质和精神素质的重要途径。

然而，直到 19 世纪，体育教育才逐渐成为西方现代学校体系的一部分。18 世纪工业革命的兴起使得城市化进程加快，工业化进程带来了劳动力需求的增加，社会对于教育的需求也随之增加。同时，人们开始认识到体育活动对青少年身心健康的重要性。因此，许多西方国家开始将体育纳入学校教育课程之中，还建立起了体育学校。

到了 20 世纪，体育教育得到了进一步发展和完善。体育课程逐渐丰富多样化，包括足球、篮球、田径、游泳等项目。此外，学校体育教育也开始注重培养学生的团队合作精神和组织领导能力。这些都成为现代学校体育教育的重要内容。

我国的学校体育也具有悠久的历史，体育教育早在古代就已经存在。我国古代儒家文化注重身心修养，体育活动被视为塑造人格和培养品质的一种重要方式，其中射箭、骑马、弈棋等活动被列为士人必备的修养项目。

我国的现代学校体育教育起步较晚。19 世纪末 20 世纪初，我国一些留学生在海外学习西方教育制度，他们将西方的体育教育理念引入我国，并开始在国内推广。同时，我国近代的一些教育家也逐渐意识到体育教育对于培养学生身心健康的重要性。

到了20世纪，随着我国现代教育体系的建立，学校体育逐渐成为学校教育的一部分。1949年中华人民共和国成立后，我国政府高度重视体育事业的发展，将体育纳入国民教育体系，并在全国范围内推广普及。学校体育逐渐成为学生日常生活中的重要组成部分，体操、篮球、足球、乒乓球等体育课程逐渐丰富。

近年来，随着社会对健康教育的重视，我国学校体育也在不断发展和完善。政府出台了一系列政策和措施，鼓励学校加强体育教育，提高学生的身体素质。同时，学校体育也注重培养学生的团队合作精神和社会责任感，努力实现学生身心全面发展的目标。

学校体育作为一项重要的教育活动，对于学生身心健康的发展、团队合作能力的培养以及社会的和谐稳定都具有重要意义。无论在西方还是在我国，学校体育都经历了漫长而丰富的历史沿革，其发展脉络虽然各具特色，但都体现了人们对于教育和健康的重视程度。

（三）学校体育教学的地位与价值

1. 体育教学与美育

美育是培养学生审美情感和审美素养的教育活动，旨在培养学生的情感、思维和审美能力，使其具备欣赏美、创造美的能力。体育教学作为学校教育体系的一部分，通过体育活动培养学生的美育意识和审美情感。具体体现在以下几个方面：

（1）身体美的塑造

体育活动是一种身体的艺术表现形式，优美的动作和姿态展现了人体的力量、灵活性和协调性。通过体育课程，学生可以学习和体验各种运动技巧，在提高身体素质的同时，培养了学生对于身体美的感知和认知。

（2）团队协作的美学体验

体育活动有时需要团队协作和相互配合，这不仅增强了学生的合作精神和团队意识，还呈现了团队协作的美学价值。在集体运动中，每名队员都扮演着不同的角色，相互配合、相互支持，共同追求胜利的目标，体验团队协作带来的成就感。

（3）运动艺术的表现

体育项目是一种运动艺术的表现形式，如体操、花样游泳等项目，学生在学习这些项目的过程中，不仅锻炼了身体，还培养了审美情感。通过欣赏和模仿优秀运动员的表现，学生能够感受到运动艺术所蕴含的美学价值，进而提高自己的审美水平。

（4）体育文化的传承与创新

体育活动不仅是一种锻炼身体的方式，还是一种文化传统和精神追求。体育教学可以向学生传授体育文化的知识和精神，使其充分了解体育运动背后的历史、文化和价值。同时，体育教学也鼓励学生在体育活动中积极发挥自己的创造力，创新运动方式和表现形式，为体育文化的发展做出贡献。

2. 体育教学与德育

德育是培养学生道德品质、人格素养和社会责任感的教育活动，旨在使学生具备正确的价值观、道德观和行为规范，培养其健康、阳光、积极向上的人格。体育教学作为学校教育体系的一部分，可以通过体育活动培养学生的德育意识和提升道德品质。具体体现在以下几个方面：

（1）团队精神

体育活动往往需要学生之间的团队合作和相互配合，无论是集体项目还是个人比赛，都需要团队成员相互协作、相互支持。在团队合作的过程中，每名队员都需要尊重队友、信任队友、与队友共同努力，这培养了学生的团队合作精神和团队合作意识。

（2）公平竞赛

体育竞赛是一种竞争性的活动，学生在竞技过程中往往会面临胜败、荣誉与尊重等问题。体育教学可以教育学生尊重竞争对手、尊重裁判员的裁决，坚持公平竞赛和公正待人的原则。通过体育竞技，可以培养学生公平、公正、诚实的基本原则，树立正确的竞争观念和胜负观念。

（3）坚韧与毅力

体育活动需要学生具备坚韧不拔的意志和坚强的毅力，尤其是在面对困难、挑战和失败时，学生需要勇敢地去面对，努力实现自己的目标。通过体育教学，学生可以锻炼自己的意志品质，培养出不畏艰难、勇于拼搏的精神。

（4）自律与自我管理

体育活动需要学生具备良好的自律能力和自我管理能力，包括按时训练、合理饮食、科学锻炼等。通过体育教学，学生可以养成良好的生活习惯和行为习惯，培养出自律、自控、自强的优秀品质。

3. 体育教学与智育

体育活动不仅有助于学生的身体健康，还可以促进学生的智力发展。大量的科学研究表明，参与体育活动对智力发展具有积极的影响。

体育活动通过促进大脑血液循环，增加氧气供应，提高神经元的活跃度，从而改善学生的认知功能。研究发现，适度的体育锻炼可以显著增强学生的认知能力，特别是在执行功能和工作记忆方面。此外，体育活动通过刺激神经系统，可以促进神经元的生长和连接，有助于提升大脑的神经发育水平，从而有效改善学生的学习能力和思维能力。

体育活动对于学生来说，不仅是一种身心放松的方式，还是一个有效提升情绪管理和智力水平的途径。通过参与体育活动，学生能够释放压力、缓解焦虑、减轻抑郁情绪。这些活动改善了学生的情绪管理能力，增强了情绪稳定性，并提供了健康的减压方式。良好的情绪状态为学生的学习和思维活动创造了有利条件，从而显著提升了学生的智力水平。

此外，体育活动使学生更加自信、乐观、积极向上。积极的学习态度和自信心有助于学生在学习过程中更加专注、投入，从而能够有效提高其学习效率和学习成绩。

二、体育心理学理论基础

（一）体育心理学的定义

体育心理学在不同时期的定义和认识有所不同。在初创阶段，它被视为体育与心理学简单结合的产物，人们试图将一般心理学原理应用于体育领域，用于解释各种体育现象和问题。这个时期的体育心理学较为模糊，涵盖了体育活动中的各种心理现象，但缺乏具体的理论框架和系统性研究方法。

近年来，人们逐渐认识到体育心理学应更加具体地研究各个体育领域中的心理现象。从教育学角度出发，体育心理学被定义为研究体育教学活动中教育者与学生之间的各种心理现象和规律的科学，包括教学过程中的知识传授、技能掌握和促进学生身心发展的心理因素。同时，体育心理学还涉及运动竞技和健身休闲等具体形式。

因此，体育心理学在学者们的认识中逐渐从模糊、广义向具体、专业的方向转变。现代体育心理学是一门研究人们从事体育活动的专门条件下的心理现象及其发生、发展规律的学科，强调了对体育教学、运动训练和体育锻炼等不同领域中心理现象和规律的研究，为体育教育和运动训练提供了更加科学的理论支持。

（二）体育心理学的研究领域

1. 体育教学心理学

体育教学心理学是体育心理学领域的一个重要分支，主要研究学校体育教学中体育教师和学生在教学过程中产生的各种心理现象和规律。在体育教学中，体育教师和学生是两个主要的参与者，他们之间的心理互动对于教学效果和学生发展至关重要。

体育教学心理学研究体育学习动力，包括体育学习的动机、兴趣和归因等方面。学生在体育学习过程中的动机和兴趣，无疑会对他们的态度和投入程度产生显著影响，学生对学习成就的归因则影响着他们的学习信念和行为习惯。了解学生的学习动力，有助于教师策划更有效的教学策略，这样不仅能够激发学生的学习兴趣，还能提升其学习主动性。

不同的学生在体育学习过程中具有不同的心理特征和学习方式。了解学生的个性差异可以帮助教师因材施教，采用不同的教学方法和教学策略，满足每名学生的学习需求。

此外，体育教学心理学还涉及体育教师的心理特征和教学模式的心理效益。教师的心理状态和教学风格对于学生的学习情绪和学习效果有着重要的影响。教师需要具备积极向上的心态、丰富的教学经验和灵活多样的教学方法，以激发学生的学习兴趣，提高教学效果。

2. 课外运动训练和比赛心理学

课外运动训练和比赛心理学着眼于运动员在课外训练和比赛中的心理特点、心理过程和影响因素。

在课外训练过程中，学生需要通过反复练习和积极参与，逐渐掌握各种运动技能。这一过程涉及学生的学习动机、学习策略以及对成功与失败的认知与反应。了解学生在技能学习过程中的心理特点，有助于教师或教练员设计合适的训练计划和教学方法，提高学生的学习效率。心理技能包括注意力控制、自我调节、情绪管理、压力应对等方面的能力，这些技能在运动训练和比赛中起着至关重要的作用，直接影响着运动员的表现和成绩。通过系统的心理技能训练，可以帮助运动员提高自我控制能力，增强心理韧性，更好地适应训练和比赛。比赛是运动员在实践中检验自己训练成果的重要机会，同时也是心理素质得以展现的时刻。在比赛中，运动员面临着竞争压力、焦虑情绪等各种心理压力和挑战。了解比赛心理的特点和规律，可以帮助运动员更好地应对各种挑战，保持良好的心态，发挥出最佳水平。

3. 课余体育锻炼心理学

课余体育锻炼心理学关注学生在参与课余体育活动时产生的心理现象与规律。这一领域的研究内容涵盖了多个方面，主要包括体育活动对学生心理健康的影响、学生的心理教育和辅导以及体育教师的心理健康。

参与课余体育活动可以促进学生身心健康发展，有助于释放学习压力、缓解焦虑情绪、增强自信心和社交能力。了解学生在课余体育活动中的心理状态，有助于体育教师和心理工作者更好地设计活动内容和活动方法，最大限度地促进学生的心理健康。通过课余体育活动，学生可以接受一定程度的心理教育和心理培训，学会如何调节自己的情绪、克服困难、与他人合作等。体育教师和心理工作者可以利用课余体育活动的机会，向学生传授心理健康知识和技能，帮助学生更好地应对生活中的挑战和压力。

体育教师作为学生的引导者，其心理健康状况直接影响着学生的心理健康和学习效果。因此，体育教师需要关注自身的心理健康问题，保持积极乐观的心态，这样才能更好地引导学生，充分发挥课余体育活动的教育作用。

4. 体育管理心理学

体育管理心理涵盖了体育团队建设心理、学生领导力以及体育教师的胜任力几个方面。体育团队建设心理研究如何有效组建、维护和评估高效的运动团队。在体育比赛和训练中，强大的团队凝聚力和出色的合作精神对取得优异的成绩起到至关重要的作用。通过深入理解团队成员间的心理互动和团队动态，我们可以更有效地管理和激励团队成员，从而提升整个团队的表现力。

学生领导力关注体育活动对学生领导力发展的促进作用。通过参与体育活动，能够促进学生自信心的建立，增强团队合作意识，提升决策能力等领导素质，进而促使其成为未来社会的引领者及积极进取的团队成员。体育教师应该在课堂上为学生提供发展领导力的机会，并激励学生发挥自己的潜力。

体育教师的胜任力涵盖了体育教师在教学和管理方面所需的各种素质和能力。体育教师不仅要掌握广泛的体育知识，还要有良好的沟通能力、灵活多变的教学策略以及对学生深切的关怀与支持。体育教师通过不断提升自己的专业素养和教学能力，可以更好地发挥自己的作用，促进学生的身心健康发展。

三、其他相关理论

（一）运动生理学

运动生理学是研究人体在运动中的生理变化和适应规律的学科。它涵盖了多个方面，包括能量代谢、心血管系统的调节、呼吸系统的功能以及其他生理系统在运动中的变化。了解运动生理学对于初中体育教学至关重要，它可以为教师教学提供科学的依据和指导，帮助其更好地设计教学计划、合理安排训练内容和方式，及时发现和处理学生在运动中出现的生理问题。

运动生理学涉及能量代谢方面的知识，如有氧代谢和无氧代谢等。了解能量代谢的原理可以帮助教师设计合理的训练计划，确保学生在运动中能够有效地利用自身能量，延缓疲劳，提高持久力和耐力。此外，对于不同强度和持续时间的运动，能量代谢的方式也有所不同，教师需要根据运动的特点进行调整训练，以达到最佳的训练效果。

心血管系统的调节是运动生理学中的重要内容之一。了解心血管系统在运动中的调节机制可以帮助教师更好地掌握心率、血压等生理指标的变化，及时调整运动强度，以确保学生的运动安全。此外，有氧运动作为一种适宜的体育锻炼方式，对于心血管系统的健康发展具有显著的促进作用，不仅能够有效预防心血管疾病的发生，还能提升学生的身体素质。

运动生理学还涉及呼吸系统的功能及其他生理系统在运动中的变化。了解呼吸系统在运动中的变化可以帮助教师更好地指导学生掌握正确的呼吸技巧，提高氧气的吸收效率，延缓疲劳，增强运动能力。

（二）运动训练学

运动训练学是研究运动训练的科学原理、方法和技术的学科。它涵盖了多个方面，包括训练计划的设计、训练方法和技术的选择、运动技能的提高以及运动员的身体素质和竞技能力的培养。在初中体育教学中，了解运动训练学对于教师设计科学合理的体育课程和训练计划至关重要。

运动训练学涉及训练计划的设计。教师需要根据学生的年龄、性别、身体素质等特点，制订适合他们的训练目标和训练计划。这包括确定训练的内容、训练的强度和频率、训练的持续时间等方面。合理的训练计划能够帮助学生全面发展，提高运动技能。

运动训练学涉及训练方法和技术的选择。教师需要根据训练目标和学生的实际情况，选择力量训练、耐力训练、速度训练、灵敏性训练等不同的训练方法和技术，有效提升学生的运动水平和竞技能力。

运动训练学还涉及运动技能的提高。教师需要通过系统的训练和练习，帮助学生掌握如投球、接球、跑步、跳跃等各种运动技能。通过反复练习，学生可以逐步提高自己的技能水平和竞技能力，增强自信心。

（三）体育史

体育史是研究人类体育活动发展历程的学科，它探究了体育活动在不同历史时期、不同文化背景下的演变和影响。了解体育史对于理解和认识体育运动的起源、发展以及对社会、文化和个体的影响具有重要意义。在初中体育教学中，学习体育史有助于学生了解体育运动的传统和文化，激发其对体育运动的兴趣和热情，促进学生身心全面发展。

体育史作为一门专业的学科，不仅是对体育事业的记录和描述，它还探索体育文化发展的一般规律。从时间上看，可分为古代、近代、现代和当代体育史；从区域来看，可分为中国体育史、外国体育史和世界体育史；从内容上看，可分为通史或专项史（如竞技体育史、学校体育史、田径运动史）；等等。

通过学习体育史，学生可以了解体育活动对人类社会发展的重要性和影响力。体育史不仅包括了体育运动的起源和演变，还涉及体育思想、体育伦理以及体育文化等方面的内容。通过了解不同文化背景下的体育活动，学生可以增进对多元文化的理解和尊重，培养跨文化交流和合作的能力。

综上所述，体育史作为体育教学的一部分，有助于学生全面了解体育运动的发展历程和文化内涵，培养体育文化素养和意识，促进其身心全面发展。

第三节　教学方法

体育教学方法是指在体育教学过程中，教师根据学科特点和学生的实际情况采用各种教学手段、策略和方法，以实现教学目标并促进学生全面发展的一系列操作步骤和实施方式。这些方法旨在通过科学的组织和指导，引导学生主动参与体育活动，增强其身体素质、技能水平和运动能力，同时促进其心理健康和社会情感的发展。

一、体育教学方法的基本知识

（一）体育教学方法的分类

体育教学方法的分类是为了系统地组织和理解各种教学手段、策略和方法，使教学过程更加有条理和有效。常见的体育教学方法可以分为以下几类：

1. 按教学目的分类

（1）技能掌握型

注重技术动作的准确性和规范性，通过反复练习来提高学生的运动技能。

（2）体质增强型

以增强学生体质为主要目标，通过多样化的运动形式提高学生的身体素质。

（3）情感培养型

强调在体育活动中培养学生的团队合作精神、竞争意识、意志力等情感品质。

2. 按教学内容分类

（1）田径类教学方法

如短跑、长跑、跳跃、投掷等项目的训练方法。

（2）球类教学方法

包括篮球、足球、排球等球类运动的战术和技巧教学。

（3）体操类教学方法

涉及基本体操、艺术体操、竞技体操等项目的训练策略。

3. 按学生特点分类

（1）针对不同体能水平的教学方法

为体能较好的学生和体能较弱的学生设计不同的教学方案。

（2）针对不同兴趣爱好的教学方法

根据学生的兴趣调整教学内容和教学方式，提高学生的学习积极性。

4. 按教学环境分类

（1）室内教学法

适用于体育馆、健身房等室内场所的教学策略和教学手段。

（2）室外教学法

针对操场、田径场等室外环境设计的教学方法和活动安排。

（二）体育教学方法的特点

1. 实践性

实践性是体育教学方法的重要特点之一，体现在教学过程中的多个方面。首先，体育教学强调实践性教学，即通过学生的亲身实践来促进其学习和发展。这意味着学生不是被动地接受知识，而是通过主动实践来掌握运动技能和规则。例如，在学习篮球运球技巧时，学生需要亲自尝试、练习，才能真正掌握其技术要领。其次，实践性体现在动作导向的教学方法上。体育教学注重培养学生的动作技能，在教学中注重动作的反复练习和实践。这意味着学生需要通过反复练习来巩固和提高运动技能，而不是简单地理解概念。最后，实践性还体现在情感体验方面。体育教学不仅关注学生运动技能的培养，还注重学生的情感体验和心理素质的培养。通过实践活动，学生可以体验运动带来的乐趣、挑战和成就感，从而培养其积极的体育情感和体育态度。

2. 互动性

互动性是体育教学方法的另一个重要特点，它在教学过程中具有多重含义和体现形式。首先，互动性体现在师生之间的互动上。体育教学强调师生之间的积极互动，教师通过言传身教的方式引导学生学习和实践，学生则通过提问、讨论和反馈等方式与教师进行互动交流。这种双向的互动促进了信息的传递和学习效率的提高。其次，互动性体现在学生之间的互动上。在体育教学过程中，学生之间也进行积极的互动。通过小组合作、对抗比赛等形式，学生相互协作、竞争，共同完成任务，促进彼此之间的学习和成长。这种同伴间的互动不仅培养了学生的团队合作精神，还加强了学生间的情感交流。最后，互动性体现在学校与社会之间的互动上。体育教学不仅注重学校内部的教学活动，还注重学校与社会的互动。通过组织校际比赛、参加社区活动等方式，促进学生与外界之间的联系和交流，拓宽视野、丰富经验，以培养学生的社会责任感和公民意识。

3. 多样性

体育教学方法的多样性体现在教学内容、教学手段以及教学组织形式的多样化上。首先，在教学内容方面。体育教学方法注重多样性，涵盖了各种不同类型的体育运动和体育活动，包括球类运动、田径、游泳等多种运动项目，以及体操、舞蹈等多种形式的体育活动。丰富多样的教学内容可以满足不同学生的兴趣爱好和发展需求，提高教学的质量和实效性。其次，在教学手段方面，体育教学方法具有多样性。教师可以灵活组合和运用讲解、示范、模仿、分组合作、游戏竞赛等多种不同教学手段，以适应不同学生的学习特点。最后，在教学组织形式方面，体育教学方法也注重多样性。教师可以选择整体教学、分组教学、个别指导等不同的组织形式，根据教学目标和学生的实际情况，灵活调整和运用，以实现教学过程的多样化和个性化。

4. 系统性

系统性体现在教学内容的有机组织形式和教学过程的系统设计上。首先，在教学内容方面，体育教学方法注重系统性，即将体育运动的基本技能、规则、战术等内容有机地组织起来，形成一个完整的教学体系。这包括从基础动作的学习和训练，到高级技能的掌握和运用，以及从简单规则的理解到复杂战术的实践，全方位地培养学生的体育素养和综合能力。其次，在教学过程方面，体育教学方法具有系统性。教师在设计教学计划和课程安排时，注重教学内容的有机衔接和渐进推进，逐步引导学生从简单到复杂、从易到难地学习和提高。同时，体育教学方法还注重教学过程的评估和反馈，及时发现和解决问题，确保教学过程的顺利进行和达到预期的教学效果。

综上所述，多样性和系统性是体育教学方法的两个重要特点，它们共同构成了体育教育的核心内容和教学原则。通过多样性和系统性的体现，体育教学不仅能够满足学生的学习需求和个性发展，还能提高学生的综合素质。

5. 继承性

体育教学方法是在学校体育教学中积累的丰富经验与方法。这些经验和方法经过长期的教学实践检验，被认为是高效且实用的，准确地揭示了体育教学的客观规律，因此展现出了强大的生命力。这些传统的教学方法是学校体育教学的宝贵财富，成为体育教学的重要组成部分。尽管有些传统方法因时代的进步而不再完全适用于当今社会发展的需要，但它们仍然蕴含着许多有价值的部分。因此，我们可以深入研究、吸纳并参考这些教学方法，并在其基础上做出必要的创新和调整，从而形成符合当代教学需求的新型体育教学方法。

6. 发展性

体育教学方法必须与时俱进，即随着时代的发展和社会的进步而不断发展和改进。如果一个教学方法不能适应新的形势和需求，就会逐渐被淘汰。因此，我们需要积极开拓创新，不断更新我们的教学理念和教学方法，以适应新的教学要求和学生的发展需求。因此，体育教学方法的发展性需要在保留传统教学方法的基础上不断与时俱进，创造出更加适合现代教学环境的方法和策略，以推动体育教育的不断发展和进步。

（三）研究体育教学方法的意义

1. 有助于初中体育教学任务的顺利完成

体育教学方法的运用可以帮助教师更好地组织教学活动、设计教学内容和安排教学过程，顺利地完成教学任务。通过合理选择和灵活运用不同的教学方法，教师可以更有效地传授知识、培养技能，使学生达到预期的教学目标。例如，采用分解练习法和完整练习法相结合的方式，能够有效提高学生的技能水平，使其更快地掌握运动技能。

2. 有助于提高初中体育教学质量

体育教学方法的运用对于提高教学质量具有重要意义。采用科学合理的教学方法，可以使教学过程变得更加生动有趣且富有成效，从而提升学生的学习积极性和主动性。多样化的教学方法，如游戏竞赛、小组合作等形式，能够激发学生的学习兴趣，增强学习动力，从而提高教学质量。同时，教师通过不断尝试和探索新的教学方法，可以对教学方式进行改进，提升教学能力，从而提高整体教学质量。

3. 有助于培养中学生的体育核心素养

体育教学方法的应用有助于培养中学生的体育核心素养，其中包括运动能力、健康行为和体育品德等方面。科学有效的教学方法，可以帮助学生逐步形成正确的运动价值观、必备的体育品格和关键的运动能力。例如，开展体育技能训练和运动比赛，学生可以提高自身的运动能力；通过体育健康课程的学习，学生可以养成良好的健康行为习惯；参与体育活动，学生可以培养体育品德，如团队合作、公平竞争等。这些核心素养的培养不仅有助于学生的身心健康发展，还有助于其在日常生活中更好地应对各种挑战和困难，实现全面发展。

二、常用的初中体育教学方法

在初中体育教学中，教师可以运用多种方法来促进学生的学习和发展。以下是一些常用的初中体育教学方法：

（一）示范法

示范法通过教师展示正确的动作技能，供学生观察和模仿，以帮助其更清晰地理解运动动作的要领，提高学习效率和技能水平。通过示范动作、逐步分解和详细解说，以确保学生能够准确理解和模仿。例如，教师在教篮球运球技巧时，可以采用示范法。首先，教师展示正确的运球动作，强调手部动作和身体协调等关键要素，同时注重动作的流畅性和节奏感。其次，教师逐步分解运球动作，重点说明手部的握球方式、肩膀的放松状态以及臂部的伸直等关键要领。最后，教师通过反复示范和解说动作要领，引导学生观察和模仿，直至学生能够正确掌握运球技巧。

教师在使用示范法时应注意以下几点：

1. 必须确保动作准确清晰，符合技术要求，以便学生能够清晰地观察和模仿。

2. 教师在示范过程中应注意语言的生动性和动作的流畅性，以吸引学生的注意力，激发其学习欲望。

3. 教师在分解示范动作时，应详细地讲解每个动作要领，以便学生能够逐步理解和掌握。

4. 在示范过程中，教师应鼓励学生积极观察和模仿，提出问题，共同讨论。

5. 教师应及时发现学生的错误并进行纠正，以避免学生形成错误的动作习惯，影响技能的正确掌握。

（二）讲解法

讲解法是教师通过口头语言对体育技能、规则、战术等内容进行详细的解释和说明。清晰的讲解，可以帮助学生理解运动的规则和技术要点，指导其正确地进行练习和比赛。

在运用讲解法时，教师需要注意几个要点。首先，语言应清晰简洁，避免使用过于专业的术语，以使学生易于理解。其次，讲解内容应具有逻辑性，按照一定的顺序进行，以帮助学生理解和掌握相关知识和技能。再次，教师应结合实际示范，让学生直观地感受正确的动作技巧。然后，教师还需提出问题，引导学生思考，激发其思维的活跃性。最后，教师应突出教学内容的重点，并强调关键要领，以使学生更好地集中注意力，准确把握和理解所需的知识和技能。

（三）分解练习法

分解练习法的核心思想是将复杂的动作或技能分解成若干个简单的部分，让学生逐步练习和掌握。这种方法常用于教授复杂的运动动作，通过逐步练习每个部分，使学生更容易地掌握整体动作，提高其技能水平和运动表现。例如，在教授跳高技术时，教师可以采用分解练习法。首先，教师可以将跳高动作分解为几个关键步骤，如起跑、起跳、过杆、落地等。其次，教师可以针对每个步骤进行细致的分解讲解，重点指导学生正确的动作要领和技术要点。再次，学生可以分别练习每个步骤，逐步完善自己的动作技能。最后，教师可以逐渐将各个步骤整合起来，让学生完成整体的跳高动作，从而提高其跳高技术水平。

三、初中体育教学方法的科学选择与利用原则

（一）理解教学目标

初中体育教学方法的科学选择与利用原则至关重要，其中理解教学目标是关键的一环。教师应当确保学生能够清晰地理解每个教学目标，以便准确评估学生的学习成果。例如，提高学生的篮球运球技能，可以为教师和学生提供明确的指导，使他们清楚地知晓所需要达到的标准。其次，教学方法与教学目标的契合是成功教学的关键。教师需要根据教学目标选择合适的教学方法，以确保学生能够有效地达到目标。例如，如果教学目标是提高学生的体能水平，那么教师可以采用多样化的体育训练方法，如有氧运动、力量训练等，以满足不同学生的需要。

（二）考虑学生特点

考虑学生特点是设计个性化、有效的初中体育教学方案的基础。首先，考虑学生的年龄、性别、兴趣等因素至关重要。因为初中生正处于生理和心理发展的关键阶段，所以教师需要充分了解他们的年龄特点，以便调整教学内容和方法。例如，针对男女生的生理差异，可以采取不同的锻炼方式和课程安排。此外，了解学生的兴趣爱好也能够激发他们的学习动力，使教学更具吸引力和趣味性。

分析学生的学习能力和水平也是必要的。初中生在体育方面的学习能力和水平各不相同，教师需要根据学生的实际情况进行差异化教学。通过课堂测试、观察学生的表现和与他们进行交流，教师可以更好地了解学生的学习能力和水平，并相应调整教学内容和难度。例如，对于运动基础较差的学生，

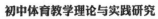

教师可以采取逐步引导、个别辅导等方式，帮助他们提高技能水平。

（三）综合运用不同教学方法

在初中体育教学中，教师可以结合示范法、讲解法、分解练习法等多种教学方法。不同的体育项目和体育技能要求不同，教师需要根据具体的教学内容和学生的实际情况选择合适的教学方法。例如，在教授篮球运球技能时，可以采用示范法展示正确的运球动作，并通过分解练习法让学生逐步掌握运球的技巧；在教授羽毛球发球技能时，可以详细解释发球的要领，并通过分解练习法让学生反复练习，以提高其技术水平。

（四）强调教学过程的活动性

注重学生的参与和互动是活动性教学的核心。教师应该积极鼓励学生参与课堂活动，让每名学生都能够积极投入到教学过程中，通过互动与交流促进彼此的学习。例如，可以设置小组讨论、合作竞赛等活动，让学生之间相互交流、合作，共同解决问题，从而提高学习效率。创设多样化的教学活动和场景也是活动性教学的重要手段之一。教师可以组织户外运动、体育游戏、实验活动等形式，丰富教学内容和方式，使学生在轻松愉快的氛围中进行学习。此外，利用多媒体技术、虚拟实验等现代教学手段，也能够增加教学的趣味性和互动性，激发学生的学习兴趣。

（五）注重教学方法的灵活性

注重教学方法的灵活性可以更好地适应学生的学习需求和教学环境的变化，从而提高初中体育教学的效果和质量。每名学生的学习方式和能力都有所不同，因此教师需要根据实际情况及时调整教学方法，以满足学生的学习需求。例如，如果发现学生对某一教学方法反应不佳或理解困难，教师应该及时改变方法，采取示范、分组讨论等方式，提高学生的学习效率。其次，教师还应该根据教学反馈不断改进和优化教学方法。通过收集学生的反馈意见、观察学生的学习情况以及分析教学效果，教师可以及时了解教学中存在的问题和不足之处，并据此进行调整和改进。例如，如果发现某种教学方法在多次尝试后仍未取得良好效果，教师应该积极寻找改进的方法，以提升教学效果。

（六）充分利用现代教育技术

现代教育技术包括多媒体教学、虚拟实验、在线学习平台等，这些技术可以为教学提供更丰富、生动的教学资源和工具。

利用投影仪、电子白板等设备，教师可以展示精彩的图片、视频和动画，使教学内容更加直观、生动。例如，通过播放体育比赛的视频，教师可以向学生展示专业的运动技巧和战术，从而激发学生的学习兴趣和提高参与度；利用虚拟现实技术，学生可以在模拟的环境中进行体育运动的练习和比赛，如篮球、足球等，从而在安全的环境中提高技能水平和战术意识；还可以通过在线学习平台等方式，为学生提供更加灵活和个性化的学习资源和服务。学生可以在课堂之外随时随地访问教学内容，进行学习和练习，从而提高学习的效率和质量。

（七）持续反思和评估教学效果

持续反思和评估教学效果是初中体育教学的重要环节，能够帮助教师及时发现问题并改进教学方法，从而提高教学质量。首先，教师应定期对教学过程和教学效果进行评估。这可以通过课堂观察、学生反馈、教学记录等方式进行。教师可以考查学生的学习情况、参与程度以及对教学内容的理解程度，从而全面了解教学的实际效果。其次，教师应该认真分析评估结果，找出问题所在，并及时进行调整和改进。这可能涉及调整教学内容、改进教学方法、增加教学资源等方面。例如，如果评估发现学生对某一教学内容理解不深，教师可以考虑采用更直观生动的教学资源或改变教学方式，以提高学生的学习效率。

（八）尊重教师个人特长和风格

尊重教师的个人特长和风格有利于激发教师的教学激情和创造力，以提高教学质量和效果。每位教师都有自己独特的教学风格和特长领域，这些个人特长和风格可以丰富教学内容，激发学生的学习兴趣。因此，学校和教育机构应该尊重教师的个人差异，给予他们充分的自主权和发挥空间，充分认可每位教师的独特性和价值。其次，在教学实践中不断发掘和发挥个人优势。教师可以根据自己的专业特长和兴趣爱好，设计独特的教学内容和方法，使教学更具个性化。例如，如果教师擅长音乐和舞蹈，可以将音乐和舞蹈元素融入体育教学中，使课堂更加生动有趣；如果教师擅长科技应用，可以利用现代科技手段提升教学效果。

（九）坚持教学科学化和人文化相统一

坚持教学科学化和人文化相统一是构建健康教育环境、促进学生全面发展的重要保证。科学原则是指导教学的基石，但教学不应仅停留在知识传授和技能培养上，更应考虑学生的情感需求和人文关怀。教师可以通过关心学生的成长、倾听学生的心声、给予学生鼓励和支持等方式，培养学生的积极情感，促进其健康成长。

体育教育不仅培养学生的体育技能，更应关注学生身心健康的综合发展。教师可以通过体育锻炼、心理健康教育、生活习惯培养等方式，帮助学生养成良好的生活方式和保持健康的心理状态，从而促进其全面发展。

（十）不断学习和创新

随着教育理论和教学方法的不断发展，教师应时刻保持学习的状态，积极了解最新的教育理念和教学技术，以提升自己的专业水平。教师可以通过参加培训课程、研讨会、阅读教育专业书籍和期刊等方式，持续学习并不断提升自己的教育能力。教育领域发展迅速，新的教学方式和技术层出不穷，教师应该保持开放的心态，勇于尝试和创新。教师可以利用现代技术探索多样化的教学策略、设计创新的教学活动等，不断寻找适合学生的教学方法，以提高教学效果和激发学生的学习兴趣。

总的来说，教学具有各种方法和技巧，但并不存在一成不变的固定模式。体育教师需要在学习相关理论知识的基础上，掌握前人积累的有效教学方法。教学并非一成不变，它需要不断地总结、实践，形成符合自身特点和学生需求的创新教学方法。因此，体育教师需要在不断地尝试与创新中，选择并优化适合自己的教学方法，以提高教学效果，促进学生全面发展。

第三章　初中体育课程设计

第一节　课程目标设置

在初中阶段的体育教育中，课程目标的设置至关重要。体育课程目标不仅直接关系到学生的身心健康发展，还是教学活动的指导方向和评价标准。

一、课程目标的概念

课程目标是指课程设计者或教育机构设定的、明确规定课程所要达到的预期结果或学习成果。它是教育活动的方向和目的，指导着课程内容、教学方法、评价标准等方面的设计和实施。课程目标通常是具体、可量化的，以便于评估学生的学习情况和课程的有效性。

课程目标通常包括两个层次：

（一）大纲目标（或总目标）

这是对整个课程的宏观描述，它阐明了学生在完成课程学习后应该具备的主要技能、知识、能力或态度。大纲目标通常在课程设计的初期阶段确定，以确保整个课程的一致性和连贯性。

（二）具体目标（或教学目标）

这是对每个单元、每个课时或每个学习活动的具体描述，指导学生在每个学习阶段应该达到的目标。具体目标是大纲目标的细化和拆分，更具体、更明确，便于教师在教学过程中进行指导和评估。

课程目标的制定需要考虑多个因素，包括教育政策、学生的需求、教学资源、教师的专业知识和技能等。它们应当与教学内容、教学方法以及评价方式相一致，共同构建起一个有效的教学体系，以促进学生的全面发展和学习成果的实现。

二、初中体育课程目标

（一）《义务教育体育与健康课程标准（2022 年版）》〔以下简称《课程标准（2022 年版）》〕中的课程目标

1. 核心素养的内涵

《课程标准（2022 年版）》强调了体育与健康课程所要培养的核心素养，即学生通过该课程学习而逐步形成的正确价值观、必备品格和关键能力，包括运动能力、健康行为和体育品德等方面。这一定义凸显了两个关键点：第一，培养学生核心素养是为了实现课程的育人价值，从而与提高体育与健康教育质量、贯彻“立德树人”根本任务紧密相关。第二，培养学生核心素养的重点在于培养学生正确的价值观、必备品格和关键能力。也就是说，体育与健康教育的目标不仅在于传授运动知识和技能，更在于改变学生对体育、健康和生活的认识与态度，促进学生在体育道德、体育精神和体育品格等方面发生积极的变化。

培养学生核心素养的意义和作用体现在以下三个方面。首先，体育与健康课程的核心素养培养是贯彻习近平总书记提出的“要树立健康第一教育理念，开齐开足体育课”的重要精神和要求。其次，培养学生的核心素养，可以为学生形成终身体育的意识和健康的生活方式奠定良好的基础，从而促进学生身心健康的全面发展。最后，体育与健康课程的核心素养培养有助于培养全面发展的社会主义建设者和接班人，为国家发展和民族振兴做出更大贡献。

《课程标准（2022 年版）》将体育与健康课程要培养的核心素养凝练为运动能力、健康行为和体育品德三个方面。运动能力涵盖了体能状况、运动认知与技战术运用、体育展示或比赛等维度，既要求学生掌握基本的运动技能和体能，又注重学生在复杂情境下的运用能力；健康行为包括体育锻炼意识与习惯、健康知识与技能的掌握和运用、情绪调控、环境适应等，强调了学生应养成良好的生活习惯和拥有健康的意识；体育品德则涵盖了体育精神、体育道德和体育品格等方面，强调了学生在体育活动中应该遵循的行为规范和体育伦理，以及形成的价值追求和精神风貌。

总的来说，《课程标准（2022 年版）》对体育与健康课程核心素养的要求明确而全面，强调了不仅要培养学生的综合素质，还要与国家教育政策和社会需求相一致。这些核心素养的培养需要学校教育的努力，也需要家庭、社会和国家的共同支持与配合，共同推动学生的全面成长和发展。

2. 总目标

《课程标准（2022 年版）》从运动能力、健康行为、体育品德三个方面提出了核心素养的总目标，这是体育与健康课程育人价值的具体体现。首先，运动能力方面的总目标着重于学生在体育运动中综合能力的培养和提升，包括体能状况、运动认知与战术运用、体育展示或比赛三个维度。这一目标期望学生能够通过参与各种体育活动，提高身体素质，掌握运动技能，并了解体育文化和比赛规则，最终形成积极的体育态度和实践能力。

其次，健康行为方面的总目标着眼于学生在生活中养成健康的生活方式，包括体育锻炼意识与习惯、健康知识与技能的掌握和运用、情绪调控、环境适应四个维度。该目标希望学生通过参与体育锻炼和健康教育学习，养成健康的生活习惯，掌握健康知识和行为技能，培养积极的心态和社会适应能力，从而提高生活质量和全面发展。

最后，体育品德方面的总目标关注学生在体育活动中的品德素养培养，包括体育精神、体育道德和体育品格三个维度。该目标期望学生通过积极参与体育活动，克服困难、遵守规则、尊重对手、保持诚信，同时树立自信、乐于助人、承担责任等良好品德，并将这些品德迁移到日常生活中。

综上所述，《课程标准（2022 年版）》提出的核心素养总目标不仅明确了体育与健康课程的育人目标，还指导了教学实践中的具体措施。培养学生的运动能力、健康行为和体育品德，有助于学生全面发展、形成健康的生活方式，并将积极的体育精神和品德融入到日常生活中。

3. 水平目标

根据课程总目标，《课程标准（2022 年版）》又分别设置了四个水平目标，详见表 3–1–1。

表 3–1–1　水平目标

课程总目标	水平一	水平二	水平三	水平四
掌握与运用体能和运动技能，提高运动能力	· 积极参与各种体育游戏，感受体育活动的乐趣。 · 学练和体验移动性技能、非移动性技能、操控性技能等基本运动技能。	· 积极参与多种运动项目，感受运动带来的乐趣。 · 学练体能和多种运动项目的知识与技能，能进行体育展示或比赛。 · 运用所学知识观看体育展示或比赛。	· 积极参与运动项目学练，形成运动兴趣。 · 体能水平显著提高；掌握运动项目的基本知识，学练运动项目的战术，并能在体育展示或比赛中运用。 · 运用比赛规则参与裁判工作，观看体育比赛并能进行简要评价。	· 形成对所学运动项目的兴趣和爱好。 · 体能获得全面协调发展；理解运动项目的相关原理、历史和文化，能运用知识与技能分析和解决体育展示或比赛中遇到的问题，掌握 1~2 项运动技能。 · 经常观看国内外重大体育比赛，并能做出分析与评价。
学会运用健康与安全的知识和技能，形成健康的生活方式	· 感受体育锻炼对健康的重要性，参与校内外体育活动。 · 知道个人卫生保健、营养膳食、安全避险等健康知识和方法，并将其运用于日常生活中。 · 活泼开朗，体验快乐。 · 乐于与他人交往，适应自然环境。	· 了解体育锻炼对健康的重要性，积极参与校内外体育活动。 · 了解个人卫生保健、营养膳食、青春期生长发育、运动伤病、安全避险等健康知识和方法，并将其运用于日常生活中。 · 关注自己情绪的变化。 · 积极与他人沟通和交流，适应自然环境的变化。	· 理解体育锻炼对健康的重要性，主动参与校内外体育锻炼。 · 将健康与安全知识和技能运用于日常生活中。 · 在遭受挫折和失败时保持情绪稳定。 · 交往与合作能力提升，增强适应自然环境的能力。	· 有规律地参与校内外体育锻炼。 · 运用健康、安全知识和技能增强健康管理的能力。 · 情绪调控能力增强，心态良好，充满青春活力。 · 善于沟通与合作，适应多种环境。
积极参与体育活动，养成良好的体育品德	· 在体育活动中表现出不怕困难、努力坚持学练的意志品质。 · 按照要求参与体育游戏。 · 在体育活动中尊重教师、爱护同学，能扮演不同的运动角色。	· 在有一定难度的体育活动中表现出勇敢顽强、克服困难的意志品质。 · 按照规则和要求参与体育活动。 · 在体育活动中文明礼貌、乐于助人。	· 在有挑战性的体育活动中能迎难而上，表现出自信和抗挫折能力。 · 遵守各种规范和规则，尊重裁判，尊重对手，表现出公平竞争的意识。 · 具有团队精神和集体意识，能正确对待比赛结果。	· 积极应对体育活动中遇到的困难，表现出吃苦耐劳、敢于拼搏、勇于争先的精神。 · 做到诚信自律、公平公正，规则意识强。 · 具有责任意识和集体荣誉感，能正确看待比赛的胜负。

（二）初中体育课程目标的意义

初中体育课程目标的设置是整个教育体系中至关重要的一环，其重要性和意义体现在多个方面，对学生的身心健康和全面发展具有深远的影响。

首先，初中体育课程目标的设置对于学生的身体素质和健康发展至关重要。设立合适的课程目标，可以引导学生在课堂上积极参与各种体育活动，提高其身体素质水平，包括耐力、柔韧性、力量等方面。在这个阶段，青少年正处于生长发育的关键时期，良好的体育锻炼有助于促进他们的身体健康，预防和减少一系列慢性疾病的发生，培养其良好的生活习惯和健康意识。

其次，初中体育课程目标的设置有助于促进学生的心理健康和情感发展。体育活动不仅仅是锻炼身体，更是培养情感、塑造性格的过程。通过参与各种团体体育活动，学生可以学会合作、沟通、团结等团队精神和社交技能，培养积极的竞争意识和应对挫折的能力，增强自信心和自尊心。此外，体育课程还可以为学生提供释放压力、调节情绪的机会，促进其身心平衡发展。

再次，初中体育课程目标的设置有助于促进学生的认知和智力发展。体育运动不仅仅是简单的身体活动，更是需要运用智慧和技巧的过程。通过学习各种体育技能和规则，学生可以培养自己的观察力、分析能力和判断力，提高解决问题和提出决策的能力。此外，体育课程还可以促进学生对身体运动和健康知识的学习，增强其健康素养和科学素养。

最后，初中体育课程目标的设置对于塑造学生的人格和价值观具有重要意义。通过参与体育活动，学生可以培养诚实、守纪律、尊重他人、团队合作等良好品质，树立正确的人生观和价值观，培养正确的人生态度和增强社会责任感。体育课程不仅仅是培养学生体育技能的场所，更是塑造学生综合素质和培养健康人格的重要途径。

三、初中体育课程具体目标的设置依据

（一）依据“健康第一”的指导思想

《课程标准（2022 年版）》强调体育与健康课程应以习近平新时代中国特

色社会主义思想为指导，全面贯彻党的教育方针，落实立德树人的根本任务。在这一指导思想下，健康成为体育与健康课程的核心目标，促进学生身心健康、体魄强健、全面发展成为教学的首要任务。

首先，体育与健康课程的目标设计应以培养学生的健康体魄为主要目标。学校体育课程不仅仅是为了提高学生的运动技能水平，更重要的是通过体育活动全面提升学生的身体素质和健康水平。这包括提高学生的体能水平，增强肌肉力量、心肺功能和耐力，培养良好的姿势与体态，预防和改善学生的体态缺陷等。通过科学合理的体育锻炼，学生可以养成健康的生活习惯，提高身体的抵抗力，预防各种疾病的发生。

其次，体育课程的目标设计应关注学生的心理健康。除身体健康外，心理健康同样重要。体育与健康课程应该为学生提供良好的心理调节和释放压力的机会，帮助他们建立自信、坚韧、乐观的心态，培养其积极应对挑战和困难的能力。在体育活动中，学生可以通过团队合作、竞争、挑战等方式，锻炼意志品质，培养自我调节和情绪管理的能力，从而实现心理健康的提升。

最后，体育课程的目标设计还应关注学生的社会适应能力。体育活动不仅可以促进学生的身心健康，还能培养他们的团队合作精神、社交能力和领导才能，帮助他们更好地融入社会生活，适应社会环境的变化。通过参与体育活动，学生可以学会尊重他人、合作共赢，培养公平竞争的意识和团队精神，增强社会责任感和社会参与意识，从而提升社会适应能力。

（二）根据青少年学生身心发展特征和不同需求

青少年学生的身心发展特征和不同需求是制定体育教学目标的重要依据。

1. 小学阶段

小学阶段学生身心发展尚未成熟，生理和心理发展水平不一致，注意力不够集中，自我控制能力较弱，好奇心强，活动性高。在体育教学中，应重点培养学生的基本运动技能和体能素质，激发其对体育活动的兴趣，提高参与度。同时，要培养学生的团队合作意识和礼仪规范，促进学生身体协调发展，培养积极向上的体育态度。

2. 初中阶段

初中学生身心逐渐发育成熟，生理和心理发展较为稳定，但个体差异较大。此阶段学生开始注重自我认知和自我价值，开始形成自我意识和社交意识。在体育教学中，应更加注重培养学生的运动技能水平，提高其身体素质和运动能力。同时，要引导学生树立正确的竞技观念和团队意识，培养其团队合作精神和领导能力。此外，体育教学也应促进学生的自我认知和自我管理能力的发展，增强其自信心和社交能力。

3. 高中阶段

高中学生身心基本发育成熟，心理发展更加复杂，开始关注自我价值、职业规划等问题，对社会和未来有更深的思考和认识。在体育教学中，除了继续强化学生的运动技能和身体素质外，还应注重培养学生的终身体育意识和健康生活方式。同时，要引导学生形成积极的体育健身习惯，培养他们对体育活动的持续兴趣，以及自我管理和自我调节的能力。此外，体育教学还应加强对学生的体育知识和体育文化的传授，促进其全面发展，为未来的职业和社会生活奠定良好的健康基础。

综上所述，根据不同年龄段学生的身心特征和需求，体育教学目标应当具体而明确，注重全面发展，既包括学生的身体素质和运动技能的提高，又包括对其综合素养和社会适应能力的培养。只有充分考虑学生的特点和需求，才能更好地实现体育教育的目标和意义。

（三）依据体育教学资源

体育教学资源是支撑体育教学实施的重要基础，包括教师、学生、体育场地和器材等方面。这些资源的合理利用和其价值的充分发挥对于实现教学目标至关重要。

教师是教学活动的组织者和引导者，其教学水平和专业素养直接影响着教学效果。因此，教师只有具备良好的教育理念、丰富的教学经验和专业的教学技能，才能更好地指导学生参与体育活动，实现教学目标。学生是教学的主体，他们的兴趣、需求、特长和个性差异需要被充分考虑。因此教师应根据学生的不同情况制订差异化的教学方案，确保每名学生都能得到有效的教学指导和个性化的发展。

体育场地和器材是体育教学活动的重要物质基础。合适的场地和器材能够提供良好的教学环境和教学条件，有助于学生充分发挥自身潜能，促进其身体素质和运动技能的提高。例如，充足的运动场地可以为学生提供广阔的活动空间，丰富的器材设施可以满足不同项目的教学需求。因此，学校需要充分利用现有资源，不断改进和完善体育场地和器材设施，以确保体育教学的顺利开展。

在制订教学目标时，必须充分考虑到教师、学生、体育场地和器材等方面的具体情况，确保目标的可行性和实施性。只有在充足的教学资源支持下，教学目标才能够得以顺利实现。因此，教师需要对教学资源进行全面评估和合理利用，不断调整教学策略，以确保教学目标的有效达成。

四、体育课程教学目标设计原则

（一）科学性原则

体育教学目标的科学性原则是确保教学目标与学生的身心发展特点相适应，促进其全面发展的重要原则之一。这一原则具体体现在以下 5 个方面：

1. 符合体育学科的特点

体育教学目标应该符合体育学科的特点，即注重身体素质、运动技能和健康意识的培养。这意味着目标应该涵盖学生在运动技能、身体素质和健康意识等方面的发展需求，使其能够在体育活动中全面成长。

2. 全面性

体育教学目标应该全面覆盖认知、情感、动作技能、身体素质和健康素质等多个领域。这意味着制订目标不仅要考虑学生的身体发展，还要关注其认知水平、情感态度等方面的培养，实现个人的全面发展。

3. 根据教材特点突出重点和难点

教学目标的制订应该考虑到所使用教材的特点，突出重点和难点，使学生能够集中精力进行具有针对性的学习和训练，以便更好地掌握关键知识和技能。

4. 具体可操作

教学目标应该具体明确、可操作，能够指导教学实践和评价学生的学习情况。具体的目标有助于教师和学生明确学习方向，提高学习效率。

5. 难度适中

制订的教学目标应该具有适当的难度，既不应过于简单，缺乏挑战性，又不应过于困难，学生无法完成。目标的难度设置应该是能够激发学生的学习动力，但又不至于给学生造成过大的学习压力。

综合来看，体育教学目标的科学性原则需要考虑到学科特点、学生发展需求以及教学实践的具体情况，以确保目标的有效性和可操作性，从而促进学生全面发展。

（二）灵活性原则

在体育教学中，灵活性原则是确保教学目标与学生个体差异相匹配的重要原则之一。教育目标的制订必须考虑到学生的体育基础、能力水平和兴趣爱好等方面的差异。因此，为了满足不同学生的学习需求，教师需要根据实际情况和学生的水平，灵活地调整教学目标。这意味着教师应该分层设立目标，根据学生的不同水平设立不同难度的目标，并采取差异化的教学策略，为每名学生提供个性化的学习支持和指导。同时，在评价学生的学习成果时，评价标准也应该具有一定的灵活性，允许学生以不同的方式展示他们的学习成果。此外，体育教学还应鼓励学生根据自己的兴趣和特长进行选择和发展，为其个性化发展提供空间。总之，灵活性原则的贯彻能够更好地促进学生的全面发展，使体育教学目标更贴近学生的实际需求，提高教学效果和激发学生的学习动力。

（三）整体性原则

体育教学目标不仅仅是单元目标或课时目标的简单罗列，更应该与学校的教育目标和体育课程的总体要求相契合，体现整体性的特征。因此，在编制体育课堂教学目标时，教师首先需要充分了解学校教育目标以及体育课程的整体目标，以此为基础，确保所制订的目标与整体目标相一致。

整体性原则要求体育教学目标既要符合学校教育目标的总体要求，又要与体育课程目标相一致。这意味着教学目标应该涵盖学生在身体、心理和社会等多个方面的发展需求，既注重学生的运动技能和体能水平的提高，又关注学生的健康意识、合作精神、情感态度等综合素养的培养。因此，在制订体育课堂教学目标时，需要综合考虑学生的多方面需求，使教学目标更加全面、系统，体现出整体性的特征。

此外，整体性原则还要求在教学目标的设计中，要注意处理好一般性和具体性的关系。一般性的教学目标能够统领全局，体现整体性的特征，而具体性的教学目标则更具有针对性和实践性，能够指导具体的教学活动和学习任务。因此，在制订体育课堂教学目标时，教师应该既注重整体性的体现，又考虑到目标的具体可操作性，使之既符合总体要求，又具备可实施性，从而更好地指导教学实践，促进学生的全面发展。

（四）长期目标与短期目标相结合的原则

长期目标通常是教学工作的总体目标，而短期目标则是在实现长期目标的过程中，为了更好地指导具体的教学活动和学习任务而设立的。将长期目标与短期目标相结合，可以更好地引导教学实践，促进学生的持续发展。

长期目标一般是对学生在较长时间内所要达到的终极目标的描述，它能够激发学生的远大理想和抱负，给予学生明确的发展方向。然而，长期目标的实现往往需要通过一系列的步骤和阶段来完成，而这些步骤和阶段就是短期目标的体现。短期目标是在长期目标的基础上，将其分解为具体、可操作的阶段性目标，以便学生能够逐步实现，并在实现过程中不断提升自己的能力和水平。

因此，长期目标与短期目标相结合，有助于将较为抽象和遥远的目标分解为具体可行的步骤，使学生更容易理解和接受，并能够更有针对性地进行学习和实践。同时，短期目标的设定也能够为学生提供明确的学习方向和期望，充分调动其学习的积极性和主动性。相反，如果长期目标过于抽象或遥远，可能会降低学生的学习兴趣和学习动力，将其分解为具体的短期目标，则可以更好地激发学生的学习热情，促进其持续进步。因此，长期目标与短期目标相结合，是体育教学目标设计的重要原则之一。

第二节　课程内容

一、体育课程内容的概念与内涵

（一）体育课程内容的概念

体育课程内容指的是在教学过程中涉及的体育相关知识、技能、活动和理论等方面的内容。它包括体育课程所涵盖的各种运动项目、体育技能、健康知识、体育文化、体育理论等内容，以及体育课程所要求学生掌握的相关能力和素养。

体育课程内容是体育教学活动的核心，它是为了实现体育教学目标而有意选用的体育知识和体育技能的体系。这些内容不仅是简单的运动技能或者理论知识，还包括体育文化、健康知识、团队合作等方面的内容。体育课程内容的选择不仅要符合教学大纲和课程标准的要求，还需要考虑学生的年龄特点、兴趣爱好、身体状况等因素，以及教学条件和环境的限制。

体育课程内容的设计和选择是教育者根据育人的目标和原则，在总结前人的教育实践经验基础上精心挑选而成的。它们不仅要能够满足学生的学习需求，还应该具备科学性、系统性和教育性，有助于学生的身心健康发展和综合素质的提高。

此外，体育课程内容也是教师与学生之间信息交流的重要媒介和纽带。

通过体育课程内容的传授和学习，教师能够有效地向学生传递知识和技能，激发学生的学习兴趣和提高积极性；学生通过学习体育知识和技能，不仅丰富了自己的体育经验，还培养了自我管理能力和团队合作能力。

因此，体育课程内容的设计和选择至关重要，它直接影响着教学目标的实现和课程的效果，是体育教学活动中不可或缺的重要组成部分。

（二）体育课程内容的内涵

1. 与一般的教学内容有所不同

首先，体育课程内容是根据体育教学的特定目标选择和加工的，这些目标既包括了学生的身体素质和运动技能的提高，又包括了对体育文化、健康知识等方面的教育。因此，体育课程内容不仅要满足学生的运动需求，还要具有一定的教育性和科学性。

其次，体育课程内容主要以大肌肉群的活动状态为基础进行教育。这意味着体育课程内容不仅仅是知识的传授，更加注重学生的身体素质和运动技能的培养，以及对身体各部位的协调训练。

最后，体育课程内容是在一定的体育教学条件下进行传授的。这意味着教师需要根据教学环境和学生的实际情况来选择和设计合适的教学内容，以确保达到教学效果。因此，体育课程内容的选择和加工需要考虑到教学条件的限制和学生的特点，以便更好地实现教学目标。

2. 与竞技运动相比

竞技运动主要以娱乐、竞技等为目的，而体育课程内容则更加注重学生综合素质的培养和发展。因此，体育课程内容要根据教育的需求进行必要的改造、组织和加工，以确保其符合教学目标和学生的发展需求。

（三）体育课程内容的分类

体育课程内容的分类方法多样且层次丰富，针对不同的需求和情况选择不同的分类方法可以更好地组织和实施体育教学工作。以下是 5 种常见的分类方法：

1. 依据人体基本活动能力分类

这种方法根据人体基本的活动能力将体育课程内容进行分类。这包括了走、跑、跳、投、攀、爬、钻等动作技能的划分，旨在培养学生的基本运动能力和技能。

2. 依据身体素质分类

这种方法根据体育活动对身体素质的影响将体育课程内容进行分类。内容主要包括力量、速度、耐力、灵敏、柔韧等身体素质的分类，旨在全面提升学生的身体素质水平。

3. 依据运动项目分类

这种方法根据不同的运动项目将体育课程内容进行分类。内容涵盖了足球、篮球、排球、游泳、韵律体操和舞蹈等不同的运动项目，旨在让学生掌握不同的运动技能和规则。

4. 综合分类方法

这种方法综合考虑了前述几种分类方法，将体育课程内容进行了更全面的划分。内容包括了通用部分体育基础知识和身体锻炼内容，如田径、体操、球类、民族传统体育、韵律、舞蹈、身体素质等，同时也包括了选用部分，如游泳、滑冰等内容。

5. 依据体育功能分类

这种方法将体育课程内容按照其在运动参与、运动技能、身体健康、心理健康和社会适应等方面的功能进行分类，旨在全面促进学生的身心健康发展。

综合来看，以上各种分类方法可以根据具体的教学需求和情境进行灵活选择和组合，以达到更好地实现体育教学目标的目的。

二、初中体育课程内容的选择原则

（一）保证内容的科学性与教育性

在初中体育课程内容的选择中，确保内容的科学性与教育性是至关重要的原则。科学性与教育性相辅相成，通过合理选择体育内容，可以更好地实现教学目标，促进学生的全面发展。

首先，体育课程内容的科学性体现在对体育知识和运动技能的选择上。科学性要求体育内容应基于运动科学、生理学等相关领域的理论和实践经验，确保所选内容符合学生的年龄、身体发育水平和认知能力。例如，在运动项目的选择上，应该考虑到学生的身体素质和运动能力，避免过于复杂或过于高难度的项目，确保学生能够理解和掌握。此外，科学性还要求课程内容应当紧跟时代发展，包括新兴的体育运动项目和健康知识，以及体育科学研究的最新成果，使学生接触到前沿的体育理念和体育实践。

其次，体育课程内容的教育性体现在对学生综合素质的培养和价值观的塑造上。教育性要求体育课程内容不仅仅是对运动技能的训练，更应该注重学生的思想品德和身心健康的全面发展。在运动项目的选择中，应该注重培养学生的团队合作精神、积极进取态度和公平竞争意识，通过体育活动促进学生的人际交往能力和情感表达能力。此外，体育课程还应该注重健康知识的普及和身体素质的提升，使学生养成良好的运动习惯和健康的生活方式，培养其终身运动的意识和能力。

最后，在选择体育课程内容时，还需要考虑内容之间的连贯性和渗透性。连贯性要求课程内容之间应该有机地联系和衔接，形成一个完整的体育教育体系。例如，先从基础的运动项目和技能开始，逐步引导学生探索更复杂、更高级的运动项目，实现学生运动能力的渐进提升。同时，渗透性要求体育内容与其他学科和校园文化相融合，使体育教育真正成为学生全面发展的重要组成部分。例如，将体育内容与健康教育、文化艺术、心理健康等方面相结合，丰富课程内容，拓展学生的视野和知识面。

（二）尊重学生需求，重视发展性

在初中体育课程内容的选择中，尊重学生需求并重视发展性是至关重要的原则。这意味着体育教育应该根据学生的兴趣、特长和身体发展水平，设计灵活多样的课程内容，既能满足学生的需求，又能促进其全面发展。

尊重学生需求意味着体育课程内容应该贴近学生的兴趣和实际情况。学生在运动方面可能有不同的爱好和倾向，因此，在选择体育项目和活动时应充分考虑学生的兴趣爱好，让他们在参与体育活动时感到身心愉悦。这有助于激发学生的学习热情，提高其学习积极性。

重视发展性意味着体育课程内容应该注重学生的身心发展，并为其提供持续发展的机会。因此，在选择体育项目和活动时，应考虑学生的年龄特点和生理发展水平，避免过于强调竞技性和竞争性，注重培养学生的基本运动能力、协调性和团队合作精神。此外，体育课程内容应该具有适应性和可持续性，不断调整和更新内容，以满足学生发展的需求。

为了实现尊重学生需求和重视发展性的原则，教师可以采取以下措施：

在课程规划前，可以通过调查问卷或小组讨论等方式了解学生的兴趣爱好和体育活动的偏好，根据调查结果调整课程内容；在课程设计中，尽量提供多样化的体育项目和活动选择，包括球类运动、田径、游泳、健身操等，满足不同学生的需求和喜好；注重每名学生的个体差异，采取灵活的教学方法和个性化的指导，帮助他们在体育领域实现自我发展和成长；通过鼓励学生提出建议、参与课程规划和组织体育活动等方式，充分调动其积极性和创造性，增强其对体育课程的归属感和认同感。

总之，尊重学生需求并重视发展性的原则是设计初中体育课程内容的重要指导思想。只有根据学生的实际情况和发展需求设计灵活多样的课程内容，才能真正促进学生的身心健康和全面发展。

（三）知识与实践有机结合，强调运用

在设计初中体育课程内容时，必须实现知识与实践的有机结合，并强调学生的运用能力。这一原则体现了将课堂所学知识与实际运动技能相结合，使学生在体育课程中不仅是被动接受知识，更能够主动运用所学知识和技能参与体育活动。

知识与实践的有机结合意味着体育课程内容不仅仅包括理论知识的传授，更要注重将知识与实际运动技能相结合。教师应该通过生动的示范、详细的讲

解和实际操作，帮助学生理解和掌握体育知识，并将其应用于实际体育活动中。例如，在教授篮球运动时，除讲解传球、运球等基本动作的技术要领外，还应该通过实际操作让学生练习和运用这些技能，加深他们的理解和记忆。

强调学生的运用能力意味着体育课程内容应该注重培养学生的运动技能和实践能力。课堂上的知识和技能不仅是为了学生的理解和掌握，更重要的是能够在实际运动中得到应用。因此，体育课程内容应该设计具有一定挑战性和实践性的体育活动，激发学生的学习兴趣和培养运用能力，让其在实践中不断提高运动水平和技能。

为了实现知识与实践的有机结合，强调学生的运用能力，教师可以采取以下措施：

在教学中，注重将理论知识与实际操作相结合，通过示范、讲解和实践操作，帮助学生全面理解和掌握体育知识和技能；在课程设计中，设计一些需要学生亲身实践和实际运用所学知识的任务和活动，培养他们的实际运用能力和解决问题的能力；为学生提供丰富多样的实践机会，包括课堂内外的体育活动、比赛和实践项目，让他们在实践中不断提升自己的技能和能力；鼓励学生在体育活动中进行创新和探索，发挥其想象力和创造力，培养其创新意识和实践能力。

知识与实践的有机结合，以及强调学生的运用能力，是设计初中体育课程内容的重要原则。只有通过理论和实践相结合的教学方式，注重学生运用能力的培养，才能真正实现体育教育目标，促进学生全面发展。

（四）民族性与世界性相结合

在选择体育课程内容时，应该将民族性与世界性相结合。这意味着既要充分尊重和发扬本民族的传统体育文化，同时也要开阔学生的视野，让其了解和体验世界范围内的体育活动。

要重视本民族的传统体育文化。每个民族都有自己独特的体育传统和文化，这些传统体育项目代表了民族文化的精髓和智慧，具有丰富的历史内涵和民族特色。因此，在选择体育课程内容时，应该包括本民族的传统体育项目，如武术、民族舞蹈、民族体育游戏等，让学生通过体验和学习这些项目，深入了解和传承本民族的体育文化。

要了解世界性的体育活动和运动文化。世界范围内有许多优秀的体育项目和运动文化，如足球、篮球、网球、游泳等，这些项目有着广泛的影响力和吸引力，在国际体育舞台上具有重要的地位。因此，体育课程内容还应该包括世界性的体育项目，让学生了解和体验不同国家和民族的体育文化，拓展其视野和知识面。

综合来看，民族性与世界性相结合的体育课程内容选择，不仅有利于传承和弘扬本民族的体育文化，还有利于拓展学生的视野。因此，在进行体育课程内容选择时，应该做到民族性与世界性的有机结合。

三、对体育课程内容的加工策略

《课程标准（2022年版）》明确要求对体育课程内容进行深入加工和改造，以便更好地满足学生的全面发展需求。下面是一些对初中体育课程内容加工的策略：

（一）体育课程内容游戏化

体育课程内容的游戏化是一种教学方法，常用于改造那些较为枯燥的单一运动项目。这种方法的特点在于将这些单调的运动通过创造性的情节编排，转化成有趣的游戏，并且强调合作与竞争的元素。游戏化的教学手段既能增加运动的趣味性，提高学生的参与度和激发其兴趣，又不会改变练习的本质，还可以增强练习的效果。

举例来说，对于跳高这一教学内容，就可以采用多种游戏化的手段：

连续跳跃障碍物接力：设置障碍物，让学生轮流进行跳跃，并在跳跃过程中顺利通过障碍物，以接力的形式完成任务；

兔跳接力：学生仿效兔子的跳跃动作，进行接力比赛，比赛谁能跳得更远或更高；

跳绳跑接力：结合跳绳和跑步动作，进行接力比赛，通过跳绳和奔跑来完成接力赛；

跳五边形橡皮筋追逐跑：在五边形的图案中设置橡皮筋，学生在跳跃过程中要尽可能接触到橡皮筋，然后完成追逐跑的游戏；

跳起触摸一定高度的橡皮筋：学生在跳跃的同时，要尽量高地触摸到橡皮筋，增加了跳跃动作的技术性和趣味性；

跳不同高度的橡皮筋接力赛：设置不同高度的橡皮筋，学生在接力比赛中依次跳过这些橡皮筋，完成比赛任务。

这些游戏化的教学内容设计，既能让学生在参与中感受到运动的乐趣，又能够有效地实现体育教学目标，提高学生的运动技能和身体素质。

（二）在体育课程内容中融入体育文化

融入体育文化并创编体育教学内容是为了让学生在体育教学中更好地感受到运动文化的魅力和深度。首先，通过传授传统体育文化的基本理论，学生可以了解到体育在传统文化中的重要地位，以及运动对身心健康的积极影响。其次，强调中国传统体育项目，如舞龙、舞狮、气功、武术等，让学生深入了解这些项目所蕴含的文化内涵和精神价值。再次，指导学生阅读体育文学作品，如武侠故事、体育竞技小说等，让他们从文学作品中体验到体育在文化中的表现形式和意义。然后，通过欣赏传统体育项目的比赛，学生可以感受到传统体育项目的魅力和激情，增强他们的参与意识和欣赏意识。最后，结合学生的兴趣爱好，提供相关活动和体验，如舞龙表演、学太极拳等，使学生通过参与活动来感受和体验传统体育文化的魅力。通过这些方式，学生可以更全面地了解和体验传统体育文化，培养其对传统文化的热爱和传承意识，同时提高其体育素养和审美能力。

（三）利用民间传统丰富体育课程内容

利用民间传统丰富体育课程内容是体育教学中的一种重要策略。民族、民间体育项目因其源远流长、具有广泛的群众基础和深厚的社会影响而备受重视。在体育教学中，这些传统体育项目不仅能够增添课堂的趣味性和生动性，还能够促进学生对民间体育文化的了解和传承。

一些传统体育活动，如踢毽子、打陀螺等因具有较高的趣味性和娱乐性，深受青少年的喜爱，这就可以直接运用到体育教学内容中。这些项目的引入不仅能够增加学生对体育课程的兴趣，还能够丰富课堂教学内容，促进学生的全面发展。

同时，一些需要进行改编的民间体育项目，如跳竹竿等，也可以经过改编后引入到体育课程中，这样学生不仅能够体验到传统文化的魅力，还能够培养其创新能力和团队合作精神。此外，将民间传统体育项目融入体育教学内容中，还有助于促进民间体育文化的传承和发展，加深学生对民间传统文化的认识和理解。

因此，利用民间传统丰富体育课程内容不仅可以丰富体育教学内容，增加课堂的趣味性，还可以促进学生的身心健康发展，培养学生的创新能力和团队合作精神，同时也有助于传承和弘扬民间传统体育文化。

（四）创新形式丰富体育课程内容

在体育教学中，创新形式的应用为丰富课程内容提供了广阔的空间。如将室内或正规场地进行的竞技运动改造为在野外的非正规场地可以开展的项目。这种形式不仅拓展了教学空间，还为学生提供了更具挑战性和趣味性的运动体验。在原有的体育项目上增加一定的惊险性，使运动更具刺激性和挑战性。这种形式能够吸引喜欢冒险和挑战的学生参与其中，提高学生的勇气和增强毅力。例如，在攀岩运动中增设高难度的路线，或者在水上运动中增加冲浪等刺激项目，都能够吸引学生的注意力并增强其运动技能。或者，将体育运动与实用技能相结合，使学生在运动中不仅能够锻炼身体，还能够学到实用的技能。这种形式不仅提升了学生的运动能力，还增强了其实用技能，使体育教学更加具有实际意义。例如，通过教授基本的自卫术或户外求生技能，让学生在运动中学会保护自己和他人。或者根据学生的生活条件进行项目改造，使体育运动更贴近学生的生活经验和兴趣。这种形式能够增强学生对运动的认同感和参与度，提高他们的学习积极性和投入度。例如，在体育课程中加入一些与日常生活相关的运动项目，如健身操、瑜伽等，让学生在锻炼身体的同时享受到生活的乐趣。

总的来说，创新形式丰富了体育教学内容，使其更加多样化和生动化。这种多样性不仅能够满足不同学生的需求和兴趣，还能够促进学生的全面发展和个性化成长。

第三节　教学资源与评估

一、初中体育教学资源

（一）教学资源的概念

教学资源是在教学过程中教育工作者利用的一切要素的总称，它既包括广义的概念，又涵盖了狭义的范畴。广义的教学资源包括了支撑教学和为教学服务的各种因素，如人、财、物、信息等。人指的是教师、学生以及其他与教学相关的人员，他们共同构成了教学活动的主体；财指的是教学经费、经济资源，用于购买教学设备、资料等；物包括了教学场所、设备、器材等，为教学提供了物质基础；信息是指教学过程中所需要的各种信息资源，包括教学内容、教学方法、教学评价等；狭义的教学资源主要指教学材料、教学环境以及教学后援系统。教学材料包括了教科书、教辅材料、多媒体资源等，它们是教学内容的主要载体；教学环境包括了教室、实验室、图书馆等教学场所，以及相关的设施和设备；教学后援系统包括了教学管理系统、信息技术支持系统等，为教学提供了技术支持和后勤保障。

综合而言，教学资源是教学活动中不可或缺的组成部分，对它们的充分利用能够促进教学的高效进行，提升学生的学习效果。

（二）初中体育课程的教学资源

初中体育课程的教学资源是确保学生全面发展和健康成长的关键。它不仅包括教材、设施和器材，还包括教师的专业知识和教学方法。在教学资源的充分利用下，可以激发学生对体育运动的兴趣和提高积极性，促进其身心健康发展。

1. 教材

教材是初中体育课程教学的基础和重要组成部分，它承载着丰富多样的内容，涵盖了体育运动的各个方面，包括但不限于体育锻炼、技能训练、比赛规则和战术。一个优质的教材应当具备全面性和系统性，能够满足学生在不同阶段的学习需求。

2. 设施和器材

设施和器材是初中体育教学中的重要资源。学校的体育场馆，包括体育馆、操场和健身房，是学生进行体育活动和课程实践的主要场所。这些场所的设施应当是完备的，能够满足各种体育运动的需求。如标准的篮球场、足球场、排球场等，都能够为学生提供良好的运动环境和场地。在这些场地上，学生可以进行各种体育活动，既锻炼了身体，又培养了团队合作精神。

除了场地设施外，各种体育器材也是体育教学中不可或缺的资源。篮球、足球、排球、跳绳等器材为学生提供了丰富多样的运动选择。通过使用这些器材，学生可以学习和掌握不同的体育技能，培养体育兴趣，提高身体素质。器材的多样性和丰富性能够满足不同学生的需求，同时也能够激发其学习兴趣。

3. 师资队伍

优秀的教师是体育教学资源中最宝贵的一部分。体育教师应当具备专业的体育知识和丰富的教学经验，能够根据学生的特点和需求，采用多种教学方法，激发学生的学习兴趣和潜能。在教师的指导下，学生可以获得科学的训练指导，提高运动技能和身体素质。

4. 多样化的教学方法

在体育教学中，应当采用多样化的教学方法，如讲解、示范、练习、游戏等。这些方法可以激发学生的学习兴趣，提高其参与度和积极性。通过小组合作、竞赛比赛等活动，学生可以在愉快的氛围中学习体育知识和体育技能。

5. 体育文化资源

体育文化资源包括体育比赛、运动会、体育展览等各种活动。学校可以组织学生观看体育比赛，了解不同体育项目的规则和技术要点，激发其对体育运动的兴趣。此外，体育展览可以展示体育历史、文化和发展成就，增强学生的体育文化素养。

6. 在线资源

随着科技的发展，互联网上涌现出了大量的体育教学资源，如教学视频、网上课程、教学游戏等。教师可以利用这些资源丰富课堂教学内容，提高教学效果。学生也可以通过自主学习，随时随地获取体育知识和体育技能。

7. 学校和社区资源

学校和社区是丰富的体育教学资源的来源。学校可以与体育俱乐部、专业运动队等机构合作，举办体育活动、讲座等，拓宽学生视野，培养其团队合作精神和领导能力。

（三）体育课程教学资源的开发与利用

1. 满足初中学生的体育需要，促进学生的全面发展

体育教学资源开发的目标是多方面的，但其中最重要的是要满足学生的体育需求，促进其全面发展。这意味着我们需要考虑不同年龄、性别、地区的学生的差异性，包括他们的身体素质、运动能力、兴趣爱好、社交能力等方面。因此，教学资源的开发必须以满足这些差异性为前提，这样才能真正被学生所接受。

体育课程所涉及的内容非常广泛，远远超出了课堂教学的范围。因此，在资源开发的过程中，需要在考虑成本的前提下，选择那些对学生终身发展至关重要的内容进行重点开发。这些内容不仅要能够帮助学生提高体育水平，还要培养其独立学习意识、习惯和能力，让其从被动的接受者转变为积极的参与者和探索者。

教师在体育资源开发中扮演着至关重要的角色。教师需要充分利用各种有利因素，提高学生的探索能力、分析能力、解决问题能力以及合作学习能力。通过这样的资源开发，学生能够更好地利用各种教学资源，不仅在体育学习方面取得进步，还能够在其他探索性活动中受益。因此，体育教学资源的开发不仅是为了满足课堂教学的需要，更是为学生的全面发展和终身学习能力的培养做出贡献。

2. 丰富初中体育的课程内容体系

传统的体育课程的内容主要受制于教学大纲和教材所规定的范围，新兴运动项目、学生个人经验等内容往往被忽视。然而，随着新课程改革的推进，我们有机会改变这一局面，将体育课程的内容体系变得更加丰富多样。

丰富体育课程的内容体系是通过多方合作来实现的。教师需要与体育学科专家、其他中小学体育教师以及学生等多方合作，从国家、地方和学校多个层面进行资源开发。这样的多方合作可以从不同的角度、不同的主体汇聚丰富的资源和创意，使体育课程内容得到更好地丰富和拓展。

通过不断开发新颖有趣、适应性强的体育课程教学资源，我们可以逐步扩大体育课程的内容范围，形成具有中国特色的体育课程内容体系。这样的体系不仅能够满足学生多样化的学习需求，还能够为他们的个性发展提供更广阔的空间。此外，这也为实施素质教育提供了更加坚实的基础，有助于提高体育课程教学的质量和效果。

3. 形成校本体育特色课程，提高《课程标准（2022 年版）》对每所学校的适切性

每所学校的性质、条件以及教育理念都不尽相同，因此，它们拥有的体育教学资源也会有所不同。因此，我们不能一味追求统一性，而是应该保持学校间体育课程资源的丰富多样性，将其转化为特色资源来开发。

每所学校拥有的独特的条件和资源，如地理位置、人才储备、学生特点等都会影响其体育教学的发展方向。因此，我们应该充分发挥这些特点，将其转化为体育课程的特色。这可能包括特定的运动项目、教学方法、课程内容设计等方面。

形成特色的体育课程，可以使学校的体育教学资源开发更具生命力。这不仅能够激发学生对体育课程的兴趣和提高参与度，还能够更好地实现学校的教育目标和满足学生的需求。同时，这也有助于提高《课程标准（2022年版）》对每所学校的适切程度。

因此，体育教学资源开发应该注重发挥学校的特色，将其转化为丰富多样的教学资源，并通过这些资源的开发来提高学生的体育素养和学校的教育水平。这样做不仅有助于满足学生的学习需求，还能够推动整个体育教育领域的发展。

（四）体育教学资源开发与利用的意义

1. 促进体育课程及体育文化的发展

体育教学资源的开发与利用对于促进体育课程及体育文化的发展至关重要。首先，研究和开发体育教学资源，可以拓宽体育课程研究的领域和路径，为学者提供新的研究方向，加深对体育课程的理解，从而推动体育课程的不断优化与发展。其次，体育教学资源的开发将丰富和发展体育课程的内容体系，为学生提供更加丰富和多样化的学习内容。这不仅能够激发学生的学习兴趣，还有助于促进体育文化的传承与创新，推动体育文化的发展。最后，体育教学资源的开发也将成为体育课程改革的突破口。更新和改进教学资源，可以促使体育课程内容的变革，影响体育课程的类型、评价方式、教学方法等方面的改革，进而推动整个体育课程的建设与发展。

综上所述，体育教学资源的开发与利用不仅可以提升教学质量，促进学生的全面发展，还有助于推动体育课程改革，促进体育文化的传承与发展，对体育教育事业具有重要而深远的意义。

2. 促进学校体育、社会体育与竞技体育之间的联系

体育课程教学资源的开发为促进学校体育、社会体育与竞技体育之间的联系提供了新的思路和契机。首先，打破学校的空间界限，体育教学资源的开发使更多社会体育和竞技体育的内容融入学校体育课程中。学生学习这些内容，不仅可以了解当今社会体育和竞技体育的最新发展动态，还能够为将来参与社会体育和竞技体育活动奠定基础。其次，体育课程教学资源的开发

需要调动社会体育及竞技体育领域的各种资源，这加强了学校体育、社会体育和竞技体育之间的联系。最后，体育课程教学资源的开发有助于更新观念，促进不同领域之间的相互理解与沟通，这有助于消除学校体育、社会体育和竞技体育之间的隔阂，真正推动“大教育”和“大体育”理念的发展。

综上所述，体育课程教学资源的开发为构建学校体育、社会体育与竞技体育之间的联系提供了有效途径，推动了各领域间的合作与发展。

3. 促进体育的跨学科融合

体育课程教学资源的开发不仅有助于促进体育与其他学科以及校园文化之间的融合，而且对学生身心的全面发展也具有积极影响。

首先，体育课程教学资源的开发打破了体育学科与其他学科之间的界限，将学校内其他学科的资源纳入自己的视野和范围。通过体育课程的开发，可以将健康教育、生活教育、生存教育、环境教育、国防教育等内容与体育课程相结合，实现各学科之间的相互渗透和融合。

其次，体育课程教学资源的开发将促进校园文化与体育的融合。学校的文化和氛围会直接影响学生的学习和发展，将校园文化纳入体育课程的教学资源中，可以在体育活动中体现学校的价值观、精神文化，从而加强学生的校园归属感和文化认同感。

最后，体育课程教学资源的开发有助于实现体育课程与其他学科的融会贯通。在课程实施的过程中，各学科的知识和理念可以自然地融入体育课程中，帮助学生更好地理解学科知识，并将其应用于实践中。这样的跨学科融合不仅有利于提升学生的综合素养，还有助于促进学科间的交流和合作。

4. 促进体育教师的专业发展

体育课程教学资源的开发为体育教师的专业发展提供了理想的途径，使其逐步摆脱传统角色的束缚，实现全面成长。首先，开发过程促使教师提升课程开发意识，超越执行指令的桎梏，从而深入了解和理解课程本身，形成对课程的更深刻认识。其次，体育教师在开发过程中面临新的挑战，这成为他们专业成长的推动力量，激励他们不断学习、更新知识、超越自我，形成持续的学习动力。再次，参与资源开发提高了教师的开发能力，通过实践和反思积累开发技能和提高理论水平，他们逐步成为具备开发能力的专业人士。然后，开发过程培养了教师的合作精神，促进了与其他教师、专家、学生以及学校管理者等各方的合作，形成集体智慧。最后，参与资源开发使教师角色和工作方式的转变成为可能。在这个过程中，教师不仅传授知识，更成为学生的合作者和组织者，积极参与课程实施，由被动转为主动，实现全面发展。

综上所述，体育课程教学资源的开发对体育教师专业发展具有显著的促进作用，不仅提升了他们的专业水平，也带来了角色转变和工作方式的转型，推动了体育教育事业的不断进步。

5. 促进学生的发展

体育课程教学资源的开发对学生的发展具有显著的促进作用。通过丰富多样的资源，调动学生多种感官参与学习活动，激发了其学习兴趣和积极性。与传统的体育教材相比，教学资源提供了更加生动、实用的信息和素材，如通过观看比赛视频、参与实践活动等方式，使学生在愉悦中掌握体育知识、技能，培养能力，陶冶情操。这种多样化的学习方式有助于满足不同学生的学习需求，促进其全面发展。

体育课程教学资源的开发推动了学生学习方式的变革，使其从被动学习走向主动探索。学生作为资源开发的主体，其经验、感受、兴趣、知识等成为资源的有机组成部分，从而充分调动了学生学习的积极性和主动性。学生面对丰富的资源，需要学会获取、筛选、分析信息，并从中归纳出解决问题的有效方法，这培养了其信息获取能力和分析能力。此外，学生主动参与式的学习、合作式的学习、探究性学习等新的学习方式将得到推广，这有助于培养学生的实践能力和创新能力，促进其学习态度的转变和水平的提升。

二、初中体育教学评估

（一）教学评估的概念

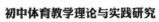

教学评估是指对教育教学过程、教学质量和效果进行系统、客观地评价和判断的过程。它旨在通过收集、整理和分析相关数据和信息，评估教学目

标的实现程度，了解学生的学习情况，评价教师的教学水平，以及检验教学方法和教材的有效性，从而为教学改进提供依据和指导。

初中体育的教学评估主要包括以下 5 个方面：

1. 学生表现评估

评估学生在体育课程中的表现，包括体能水平、运动技能掌握程度、动作规范性、参与度等。可以通过体育测试、考试、观察记录等方式进行评估。

2. 学习成绩评估

评估学生在体育课程中的学习成绩，包括考试成绩、作业完成情况、项目实践成果等。可以通过定期考试、统计作业完成情况等方式进行评估。

3. 教师教学评估

评估教师在教学过程中的表现，包括教学内容设计、教学方法运用、课堂管理等方面。可以通过同行评教、学生评教、教学观摩等方式进行评估。

4. 教学资源评估

评估教学资源的质量和有效性，包括教材、教具、场地设施等。可以通过教材使用情况调查、设备设施检查等方式进行评估。

5. 课程目标达成评估

评估课程设置的目标是否得到实现，学生是否达到了预期的学习效果。可以通过课程评价问卷调查、学生学习反馈等方式进行评估。

通过以上多方面的评估，可以全面了解体育教学情况，发现问题，及时调整教学策略，提高教学质量，促进学生全面发展。

（二）初中体育教学评估体系

1. 以《体育与健康课程标准》为依据

教学评估是通过系统地收集学生学习成绩、体育教师的教学情况等信息，依据一定的标准和方法进行价值判断的活动。在初中体育教学中，教学评估以《体育与健康课程标准》为依据。这一评估的主要目的是对课程的教学与学习进行诊断，确定课程目标的达成程度。因此，无论评价工作采取何种方式，都应以课程目标的达成度作为依据。

课程目标是体育课程改革的出发点和归宿，它不仅指引着课程设计的方向，还影响着教学内容的选择、教学方法的运用以及评价体系的建立。因此，评估体育课程的效果，关键在于考察课程目标是否得以实现，是否能促进课程的发展。

《体育与健康课程标准》和《基础教育课程改革纲要》都要求建立全新的体育与健康课程评价体系，强调评价体系应当促进课程的不断发展。这意味着评价不仅仅是对学生学习成绩的简单总结，更重要的是对教学过程和教学方法的反思和改进，以及对课程目标是否实现的全面评判。

因此，在初中体育教学评价中，需要综合考虑学生的学习成绩、教师的教学情况以及课程目标的达成情况，从而对课程的实施效果进行全面、科学的评估。这样的评价体系不仅能够帮助教师了解教学的优势与不足，还能为课程的持续改进提供重要参考，推动体育教育的不断发展。

2. 以“健康第一”为指导思想

“健康第一”作为指导思想在体育与健康课程改革中起着重要作用，要求建立以促进学生全面发展为目标的课程评价体系。这一指导思想强调了评价应该立足于学习过程，促进学生的发展，而不是简单地对学生的成绩进行评定。评价体系应该注重激励与引导功能，倡导参与、互动、自评和他评相结合的评价方式。

在这种评价体系中，重视学生个体的进步和全面的发展潜能，强调定性与定量相结合、过程与结果评价相结合，以及绝对评价与相对评价相结合的方法。这意味着评价应该综合考虑学生的各方面表现，不仅要关注学生的成绩，还要关注学生在学习过程中的态度、能力的提升以及健康素养的培养。

因此，体现“健康第一”的新的课程评价体系必须遵守的指导思想包括：

（1）以学生的健康为首要考量，评价体系应该有利于促进学生的身心健康发展。

（2）评价应该立足于学习过程，重视学生的参与和互动，注重学生的自我评价和他人评价。

（3）强调评价的激励和引导功能，鼓励学生不断进步和全面发展。

（4）综合运用定性和定量评价方法，结合过程和结果评价，实现评价方法的多样化和灵活性。

3. 多元化的评价主体

体育教学评价在体育与健康课程改革中要求评价主体和被评价主体的多元化，涵盖了体育教师教学质量评价和学生体育学业评价两个方面。这一多元化的评价体系是新课程评价的必然趋势。

在过去的基础教育课程改革中，教师评价往往是主要的评价主体，而学生很少参与评价过程。然而，这种单一的评价模式不仅导致了学生对自己的学习情况缺乏主体性认识，无法有效地了解自己的学习情况和存在的问题，也难以激发学生的学习积极性，不利于培养学生的终身体育习惯和能力。

因此，新的课程评价体系要求评价主体和被评价主体都具有多元化和多层面。在体育教师教学质量评价中，评价主体不仅包括教师自身的自我评价，还应涵盖同行专家和同学们的评价，被评价的主体也应该扩展到教学方法、教学设计、教学内容等多个方面。

举例来说，在体育教师教学质量评价中，除教师自身的反思和评价外，还可以邀请其他同行、专家对教学进行评价，同时也可以让学生参与对教学效果的评价，从而全面地了解教学的优缺点，为教学改进提供有效的参考意见。

总之，多元化的评价主体和被评价主体体现了评价体系的公正性和全面性，有助于提升体育教学质量，推动学生全面发展。

4. 多样化的评价手段

体育教学评价应该采用多样化的评价手段，以全面、客观地了解学生的学习情况和教学效果，促进教学质量的提高。

（1）笔试和口试

包括书面测试和口头测试，用于评价学生对体育知识的掌握、理解程度以及对运动技能的掌握情况。

（2）实际操作评估

通过观察学生在体育课上的实际表现，评价其运动技能的掌握情况，如对不同运动项目的动作技能、策略运用等。

（3）课堂表现评价

教师对学生在课堂上的积极参与、合作精神、自律能力等方面的表现进行评价，包括学习态度、纪律、协作能力等。

（4）作品展示

学生可以通过展示自己的体育作品或项目成果，如体育项目的设计、创意作品、运动技能视频等，来展示自己在体育学习中的成果和能力。

（5）学生自评和互评

学生对自己的学习情况进行评价，并与同伴进行互相评价，从而培养学生的自我认知能力和团队合作精神。

（6）教师评估和同行评估

教师对学生的学习情况进行评估，并可以邀请其他教师或专家进行评估，以获取更客观的评价结果。

（7）反馈和问卷调查

向学生发放问卷调查或进行个别反馈，了解学生对教学内容、方法和组织形式的看法和建议，从而及时调整教学策略。

综合运用这些多样化的评价手段，可以更全面地了解学生的学习情况，为教学提供更有效的反馈和改进方向。

5. 综合性的评价内容

体育教学评价的综合性要求评价内容涵盖整个教学过程和结果，包括各个要素与教学效果。新课程改革下的体育教学评价内容应该是多元化且全面的。

首先，评价内容应该涵盖学生的身体素质和运动能力。这包括对学生身体机能、柔韧性、力量、耐力等方面的评价，以及对他们在不同运动项目中的表现评价。其次，评价应该考虑学生的运动参与和运动兴趣。评价内容应该包括学生对不同运动项目的参与程度、对体育活动的积极态度、对体育锻炼的兴趣程度等。再次，评价应该关注学生的心理健康和社会交往能力。这包括对学生在体育活动中的自信心、团队合作能力、领导能力等方面的评价，以及对他们在体育活动中表现出的情绪状态的评价。然后，评价内容还应该涵盖对体育教师的评价。这包括对教师教学设计的评价、教学方法的评价、教学态度的评价等，以及对教师在教学过程中对学生的指导和帮助的评价。最后，评价还应该关注整个教学过程中的教学目标实现情况以及学生的满意度。这包括对教学目标实现程度的评价，对学生对教学内容、方法和组织形式的满意度的评价。

综合来看，体育教学评价内容的多样化和全面化有助于更全面地了解学生的学习情况和教学效果，为体育教学的改进和提高提供有效的参考依据。

第四章　初中体育师资培训与发展

第一节　师资培训体系

体育教育不仅是学生身体素质和健康发展的重要保障，还是培养学生全面发展的重要途径之一。优质的师资队伍是体育教育事业发展的关键，而师资培训体系的建立和完善能够有效提升体育教师的教学水平和专业素养，推动体育教育质量的不断提高。

一、师资培训体系的概述

（一）初中体育教师师资培训的重要性

1. 师资培训是推进国家基础教育理念的重要环节

随着课程改革对学科核心素养的关注，学生对核心素养的获得并非仅仅依赖于课程的设计，更需要教师具备相关的素养来有效地引导学生学习。特别是在体育教育领域，体育教师作为体育课程的执行者和实施者，其专业素养、教学水平以及教学研究能力对于体育课程改革和体育教育理念的实施至关重要。

首先，师资培训可以提升体育教师的专业水平和教学能力。通过专业培训，体育教师可以学习到最新的教学理念、方法和技巧，能够更好地把握学科核心素养的培养要求，有效地组织和实施教学活动，从而为学生提供更优质的教育服务。

其次，师资培训有助于建立高素质的体育教师团队。通过培训，可以不断提升体育教师的整体水平和素养，进而形成一支高水平、专业化的教师队伍。这样的教师团队能够更好地应对教育领域的挑战和变化，推动体育教育不断发展和进步。

最后，师资培训也是促进体育教师专业素养提升的重要途径。通过不断学习和研究，体育教师可以提升自己的教学水平和专业素养，不断改进和创新教学方法，提高教学质量和教学效果。这样的专业素养提升不仅有利于体育课程改革的顺利实施，还为学生的全面发展提供了更好的保障。

2. 师资培训是促进学校体育课程改革的重要动力

学校体育的改革与发展是一个不断解放思想、改革创新的过程。体育教师作为学校体育的直接参与者，其专业素养和教学水平直接影响着学校体育课程改革的推进和发展。

首先，体育教师的师资培训能够促进其自身教育理念的发展。接受系统的培训，体育教师可以接触到最新的教育理念和教学方法，拓展自己的教育视野，从而更好地适应学校体育课程改革的需求，积极参与到改革的实践中去。

其次，师资培训有助于体育教师提高教学技能和教学方法。体育教师可以在培训中学习到最新的教学技术和教学方法，掌握多样化的教学策略，提高自己的教学效果和影响力，从而推动学校体育课程的改革和创新。

最后，体育教师的师资培训也能够促使其进行教学反思与研究，从而转变角色，成为体育教育的研究者。从培训中，体育教师可以学习到教学反思和研究的方法，从实践中提炼出问题，并积极寻求解决方案，推动体育教育不断创新和发展。

3. 师资培训是培养体育教师专业素养的重要途径

当前社会正处在科技飞速发展、知识爆炸增长、社会加速变革的时代，这对体育教育提出了新的挑战和要求。体育教师只有不断更新自己的知识储备和技能，适应新的教学理念和教学方法，才能更好地履行教育使命，促进学生的全面发展。

首先，体育教师面临着课堂教学方式的转变。随着高新技术在教育领域的应用，体育课堂教学已经从单一的教师示范向多媒体运用和辅助器械使用的方向发展。这就要求体育教师不仅要掌握传统的教学技能，还需要熟练运用现代技术手段，提高教学效果和吸引力。

其次，体育教学评价方式也在发生改变。传统的评价方式主要以速度、高度、距离等指标为主，而现在则更加注重心率实时监测、课堂教学实时观察以及生理学多种指标检测。这就需要体育教师掌握丰富的评价方法和评价手段，能够科学、客观地评估学生的学习情况和成长进程。

再次，体育教育理念在不断转变。从过去的“双基”教学、“素质教育”向培养学生“学科核心素养”转变。这就要求体育教师不仅要注重学生基本技能的培养，更要重视学生核心素养的培养，关注学生综合素质的提升。

最后，体育教师还需要关注学生个体差异和文化背景不同带来的影响。随着社会的发展，学生的文化背景、生活习惯、心理特点等方面呈现出多样化趋势，体育教师需要不断了解和研究学生的特点，灵活调整教学方法，更好地满足学生的学习需求。

综上所述，师资培训对于培养体育教师专业素养具有重要意义。通过培训，体育教师可以不断更新自己的知识和技能，适应教育发展的需要，提升教育教学质量，为学生的全面发展提供更好的保障。

（二）师资培训体系的目标

师资培训体系的构建目标在国家战略层面、学校岗位层面和个人需求层面均具有重要意义，这些目标旨在促进教师队伍的专业化、提升教学质量、满足学生需求以及推动教育事业的可持续发展。

在国家战略层面，师资培训体系的目标与国家教育发展战略相契合，服务于国家全面建设社会主义现代化国家的宏伟目标。健全的师资培训体系，可以培养出大批符合时代发展需要、具有高水平专业素养的教师队伍，为国家培养更多更优秀的人才提供有力保障。此外，师资培训体系的建设，还可以促进教育公平，缩小城乡、地区、校际之间的教育差距，实现优质教育资源的均衡分配。

在学校岗位层面，师资培训体系的目标是满足学校教师在教学实践中的需求，提升教师的专业水平和教学能力。通过定期的师资培训活动，学校可以为教师提供最新的教学理念、教学方法和教学技能，使其能够及时跟进教育改革的步伐，更好地应对不同学生群体的需求，实现优质教育资源的充分利用。

在个人需求层面，师资培训体系的目标是满足教师个体的职业发展需求和自我提升追求。教师作为教育工作者，也要不断学习和成长。通过参与师资培训，教师可以更新自己的知识储备，拓宽专业视野，提高教学技能，从而实现个人的职业发展目标。同时，师资培训也可以为教师提供与同行交流的机会，增强教师的团队意识和合作精神，激发教师的工作热情和创新能力。

综上所述，师资培训体系的构建目标涵盖了国家战略、学校岗位和个人需求等多个层面，旨在促进教育事业的全面发展，推动教师队伍的专业化和素质提升，为学生的全面发展提供更加优质的教育服务。这些目标的实现将为建设教育强国、实现中华民族伟大复兴的中国梦注入强大动力。

（三）师资培训体系的基本原则

1. 以人为本原则

师资培训体系的基本原则之一是以人为本原则。这一原则强调培训体系的服务对象是体育教师，培训的目标是提高体育教师的专业素养，使其更好地履行教育使命和服务学生。

首先，以人为本原则意味着培训体系必须充分尊重和关注体育教师的个体需求和特点。体育教师在教育教学实践中面临着不同的挑战和困难，因此培训内容和培训形式应该根据体育教师的实际情况和需求进行量身定制，以最大程度地满足其专业成长和发展的需要。其次，以人为本原则强调了培训体系应该注重体育教师的个性化发展。不同的体育教师拥有不同的教学风格、专业背景和职业目标，因此培训体系应该提供多样化的培训内容和培训形式，让每位体育教师都能够找到适合自己的学习路径和方法，实现个性化发展。最后，以人为本原则还要求培训体系应该关注体育教师的心理健康和职业满意度。体育教师在日常工作中可能会面临各种压力和挑战，因此培训体系应该为其提供心理健康教育和职业发展指导，帮助其保持积极的工作态度和饱满热情的情绪，提高工作效率和满意度。

2. 系统性和整体性原则

师资培训体系的设计应遵循系统性和整体性原则，这意味着培训体系的构建应该紧密围绕培训目标展开，注重课程结构的整体性和系统性，以及课程内容的连贯性和完整性。

系统性原则要求培训体系应该具有完整的结构框架和清晰的课程体系。培训体系应该包括多个层次、多个阶段的培训课程，从基础到高级、从理论到实践，覆盖体育教师不同层次和不同需求的培训内容。培训课程的设置应该有机地衔接和补充，以形成一个完整的培训体系，确保培训的全面性和系统性。

整体性原则强调培训体系应该注重课程内容的整体性和连贯性。培训课程的设置应该从整体上考虑，确保各个课程之间有着内在的联系和逻辑关系，避免出现零散、孤立的培训内容。培训内容的安排应该紧扣主题，紧密结合体育教师的实际工作需求，以形成一个有机的整体，提供给体育教师一个系统性的学习体验。

此外，课程内容的安排也应该遵循系统性和整体性原则。培训课程的设计应该从整体上考虑，确保各个内容之间的有机衔接和逻辑连贯，避免出现片面或孤立的知识点。同时，培训课程的内容应该贴近实际教学工作，注重理论与实践相结合，使体育教师能够更好地将所学知识和技能应用到实际工作中。

3. 符合体育教育的学科特点原则

体育教育作为一门特殊的学科，具有其独特的教学内容、教学方法和教学目标，因此师资培训体系应该充分考虑到体育教育的学科特点，以更好地满足体育教师的培训需求和提高教学质量。

（1）体育教育是一门实践性强的学科

在师资培训体系设计中应该注重理论与实践相结合，既要有系统的理论知识培训，又要有丰富多样的实践教学活动，让体育教师能够通过实际操作掌握教学技能，提高教学水平。

（2）体育教育是一门综合性强的学科

体育教育涉及多个方面的知识和技能，包括体育运动技能、健康知识、心理素养等，因此在师资培训体系设计中应该涵盖多个方面的培训内容，以全面提升体育教师的综合素养和教学能力。

（3）体育教育是一门灵活性强的学科

体育教育需要根据学生的年龄、兴趣、特长等因素进行灵活的调整和安排，因此在师资培训体系设计中应该注重培养体育教师的灵活应变能力和教学创新意识，使其能够灵活应对不同的教学情境和学生需求。

（4）体育教育是一门富有情感色彩的学科

体育教育不仅传授知识和技能，更能培养学生的情感态度和价值观念，因此在师资培训体系设计中应该注重培养体育教师的情感教育能力和人格魅力，使其能够成为学生的榜样和引领者。

4. 有效的评估与反馈原则

建立有效的评估和反馈机制是体育教师师资培训体系中至关重要的一环。这一机制有助于及时了解培训效果、发现问题和改进培训内容与方式，从而确保培训的有效性和质量。

首先，考核可以客观地评价体育教师在培训过程中所掌握的知识和技能，以及其在教学实践中的应用情况。考核内容应该贴近培训目标和教学实际，考核方式包括笔试、实践操作、教学演示等多种形式，以全面评价体育教师的培训成果。其次，可以向培训参与者发放问卷调查表，收集到他们对培训内容、教学方法、师资水平等方面的意见和建议。问卷调查应该设计合理、问题具体，以便收集到真实可靠的反馈信息，为培训的改进提供依据。组织观摩培训参与者的教学实践，可以直观地了解他们在教学中所运用的培训内容和培训技能，发现问题并提出解决方法。教学观摩应该包括同行评教、专家评议等多种形式，以促进教师之间的相互学习和成长。最后，根据考核结果、问卷调查和教学观摩的反馈意见，培训机构应该及时发现问题、找出原因，并根据实际情况进行调整和改进。这可能涉及修改培训课程设置、优化教学方法、加强师资培训师队伍建设等方面的工作，以不断提升培训的针对性、有效性和实效性。

二、师资培训的内容与形式

（一）培训内容设置

体育教师师资培训内容的设置是确保教师专业发展的关键环节，旨在提升教师的教学水平、专业素养和教学创新能力。培训内容的设计应该全面贴合体育教育的实际需求，充分考虑体育教师的专业特点和发展需求。

1. 学科专业知识

培训内容的首要部分应该是学科专业知识。这包括对体育学科理论知识、体育运动技能、运动生理学、运动心理学、运动训练学等方面的系统学习和深入理解。系统的专业知识培训，能够帮助体育教师建立起扎实的学科基础，为教学实践提供坚实支撑。

2. 教学方法与技能

培训内容应涵盖教学方法与教学技能的培养。这包括如何设计丰富多彩的教学活动、如何灵活运用不同的教学方法、如何有效组织教学过程以及如何进行教学评价等方面的培训。通过系统的教学方法与技能培训，体育教师能够提升教学效果，激发学生的学习兴趣和提高参与度。

3. 课程设计与教材使用

培训内容应包括课程设计与教材使用。体育教师需要掌握如何根据学生的特点和学科目标设计合适的课程内容和教学计划，以及如何有效地选择和使用教学教材、多媒体资源等教学辅助工具。通过课程设计与教材使用的培训，体育教师能够提高教学质量，丰富教学内容，提升学生的学习体验。

4. 教育技术与信息化教学

随着信息技术的发展，教育技术与信息化教学已成为体育教育的重要发展趋势。因此，培训内容还应该包括教育技术的应用和信息化教学的实践。体育教师需要学习如何有效地利用教育技术和多媒体资源进行教学，以提升教学效果。

5. 专业发展与创新能力

培训内容应注重体育教师专业发展和创新能力。这包括如何持续学习和更新专业知识、如何进行教学研究和实践探索、如何促进教学创新和教育改革等方面的培训。通过专业发展与创新能力的培养，体育教师能够不断提升自身水平，适应教育改革的需要，不断创新教学方法，推动教育事业的发展。

综上所述，体育教师师资培训内容的设置应该是全面的、系统的、针对性强的。通过学科专业知识的学习、教学方法与技能的培养、课程设计与教材使用的训练、教育技术与信息化教学的应用以及专业发展与创新能力的培养等方面的培训，全面提升体育教师的教学水平，推动体育教育不断发展。

（二）培训形式与方式

1. 课堂教学式培训

课堂教学式培训是一种将培训对象带到实际课堂教学现场观摩、交流和学习的培训方法，旨在拓宽其视野。通过这种培训方式，参与者能够深入了解构建有效课堂模式的重要性，理解并掌握所要建构的课堂模式，并学会如何将这些模式运用到自己的教学实践中。这种培训方法的关键在于确定参与者的需求，找准解决问题的切入点，并设计出合适的教学流程。因此，课堂教学式培训的课例通常具有很强的示范性，而执教者的选择也应该具有明确的指导性。

课堂教学式培训的优点在于能够在尊重个体差异的同时，抓住科学、规律和共性的要点。通过建立基本的课堂规范，参与者能够逐步内化并理解所学模式的流程，尝试将其运用到自己的教学实践中。然而，这种培训方法也存在一些缺点，如由于模式较为固定，可能会导致参与者对培训内容产生负面反应，认为其过于虚浮、不切实际或难以学习。

总体而言，课堂教学式培训是一种有效的教学方法，能够为体育教师提供实践经验和教学技巧的积极参考，同时也需要考虑到培训内容的实用性和适用性，以确保参与者能够真正从中受益并将所学应用到实际教学中。

2. 教学案例分析式培训

教学案例分析式培训是一种以教学案例为主要教学材料的培训方式，旨在通过分析真实或虚拟的教学案例，引导参与者深入思考和讨论，从中学习并汲取教学方法和教学经验。这种培训方式常常包括以下 4 个要点：

第一，教学案例分析式培训的核心是教学案例的选取和设计。教学案例应当具有代表性和典型性，能够反映出不同教学场景下的挑战和解决方案。这些案例可以是真实的教学情境，也可以是根据教学经验构建的虚拟案例，但无论如何，都应当具有一定的教育教学价值。

第二，教学案例分析式培训通常采用小组讨论或集体研讨的形式。参与者会根据提供的教学案例展开讨论，探讨案例中存在的问题、解决方案以及教学策略的选择。通过与他人的交流和分享，参与者能够汲取他人的经验，拓展自己的思路和认识。

第三，教学案例分析式培训强调参与者的主动性和实践性。参与者不仅要通过讨论和分析来学习教学经验，还应当有机会在实践中应用所学知识。这包括在培训过程中模拟教学情境，或者回到自己的教学实践中去尝试新的教学方法。

第四，教学案例分析式培训的评价和总结是非常重要的环节。对讨论和实践进行总结、评价，能够使参与者进一步巩固所学内容，发现自己在教学中的不足之处，从而有针对性地进行改进和提升。

综上所述，教学案例分析式培训是一种基于实践和交流的有效培训方式，能够帮助体育教师从实际教学案例中汲取经验和教训，提升教学水平和应对教学挑战的能力。

3. 报告与专题讲座式培训

报告与专题讲座式培训是体育教师师资培训中常见的一种培训形式，由专家学者或有经验的教育从业者进行知识传授和经验分享。这种培训形式通常包括以下 4 个要点：

第一，报告与专题讲座式培训的内容丰富多样，涵盖了体育教学的各个领域和各个方面。这可能包括最新的教育理论和研究成果、先进的教学方法和技术、教学案例分析等。通过专家学者或从业者的讲解，参与者可以了解最前沿的教育思想和实践，拓展自己的教学视野。

第二，报告与专题讲座式培训通常以讲座形式进行，由专家学者或从业者进行主讲，并设有互动环节。在主讲环节，专家学者会系统地介绍和解读相关内容，提供理论知识和实践经验；在互动环节，参与者则有机会提问、交流和分享自己的看法和经验，加深对讲座内容的理解和应用。

第三，报告与专题讲座式培训还具有及时性和灵活性。因为专家学者和从业者通常会关注教育领域的最新动态和研究成果，所以他们提供的讲座内容往往具有很高的实践参考价值。同时，组织方可以根据参与者的需求和反馈，灵活调整和安排讲座主题和内容，以满足不同参与者的需求。

第四，报告与专题讲座式培训的效果评估也是重要的一环。对参与者的学习效果和满意度进行评估，组织方可以了解讲座的实际效果和参与者的反馈意见，从而不断改进以提升培训质量。

总的来说，报告与专题讲座式培训是一种高效、灵活的师资培训形式，能够为体育教师提供最新的教育理论和实践经验，促进其专业发展和教学能力的提升。

4. 在线培训

在线培训是利用互联网和数字技术进行教学和学习的一种培训形式。它以网络平台为载体，利用各种在线学习工具和资源，为参与者提供灵活、便捷的学习环境。

首先，在线培训具有高度的灵活性和便捷性。参与者可以根据自己的时间和地点选择合适的学习时机和学习地点，不受时间和空间的限制。这种灵活性使得即使身处不同地区或不同时间段的体育教师都能够参与培训，提高了培训的覆盖范围和参与度。

其次，在线培训具有多样化的学习资源和学习工具。利用网络平台，参与者可以轻松获取丰富的教学视频、课件资料、在线讲座等学习资源，以及各种交互式学习工具，如在线测验、讨论板等。这种多样性的学习资源和工具有助于激发学生的学习兴趣和提高其学习效率。

最后，在线培训还能够实现个性化学习和自主学习。参与者可以根据自己的学习需求和兴趣选择感兴趣的课程和学习内容，自主安排学习进度和学习方式。这种个性化学习的方式有利于激发学生的学习兴趣和提高学习效率。

在线培训的重要性还在于它能够促进教师的信息化素养和教学技能的提升。在参与在线培训的过程中，教师不仅能够学习最新的教育理论和技术，还能够熟练运用各种数字工具和在线教学平台，提高自己的信息化素养和教学技能，以更好地适应信息化教育的发展趋势。

三、师资培训的实施与管理

（一）制订师资培训计划

制订师资培训计划是师资培训实施的第一步，也是至关重要的一环。首先，需要根据学校的发展需求和体育教师的培训需求，明确制订培训计划的目标和重点。这些目标和重点包括提高教师的专业素养、提升教学水平、引入新的教学方法等。其次，要确定培训的内容和时间安排，确保培训内容与目标的契合度，并合理安排培训时间，充分考虑教师的工作安排和个人时间。最后，需要确定培训的参与对象和参与人数，以及培训的形式和方式，如集中培训、分散培训、在线培训等。制订培训计划需要全面考虑各方面因素，以确保培训的针对性、实效性和可操作性。

（二）培训资源的配置与支持

培训资源的配置与支持对于培训的顺利实施至关重要。首先，需要充分调动学校和教育部门的资源，包括财政经费、人力资源、教学设施等，为培训提供必要的支持和保障。其次，要建立健全培训管理体系，明确培训的责任部门和相关人员，确保培训计划的顺利执行。最后，还要积极引进外部资源，如邀请专业教育培训机构或行业专家进行培训，以丰富培训内容，提高培训质量和水平。

（三）组织与实施培训

组织与实施培训是培训计划的具体落实环节。在组织培训时，需要做好前期准备工作，包括确定培训的时间和地点、准备培训所需的教材和资料、组织培训人员和讲师等。在实施培训过程中，要注意培训的教学方法和手段，采用多种教学手段，如讲座、案例分析、小组讨论、实践操作等，激发教师的学习兴趣和参与热情。同时，还要注意培训的组织管理，确保培训秩序井然，以达到预期的培训效果。

（四）培训效果评估与反馈

培训效果评估与反馈是培训过程的重要环节，也是保证培训质量的关键。在培训结束后，需要对培训的效果进行评估和反馈。评估内容可以包括教师的知识水平提升、教学能力提高、培训满意度等方面。评估的方法可以采用问卷调查、学员表现观察、培训成果考核等多种方式，以客观评价培训效果。同时，还要及时收集教师的反馈意见和建议，了解他们对培训内容和培训方式的看法，为今后的培训提供参考和改进建议。

总之，师资培训的实施与管理是一项复杂而细致的工作，需要充分考虑各种因素，需要注重各个环节的协调配合和有机衔接，以确保培训计划的顺利执行和达到培训效果。科学合理地制订师资培训计划、培训资源的配置与支持、组织与实施培训以及培训效果评估与反馈等环节的精心安排和有效管理，可以提高体育教师的教学水平和专业素养，推动学校体育教育事业的健康发展。

第二节　体育教师专业素养

随着教育改革的不断深化和教育现代化的推进，初中体育教师的专业素养已经成为学校发展的重要支撑和硬核力量。在新时期，教师们希望不断提升自己的专业素养，以更好地实现自身的价值和作用。提升教师专业化水平已经成为当下教育领域的重要课题，它不仅直接关系到学校的发展和学生的成长，更是新课程改革能否全面推广的关键所在。因此，对初中体育教师专业素养的研究和探讨，不仅是实施素质教育、推动教育现代化的基础工程，还是促进教育质量和均衡发展的迫切需求。

一、新课标下体育教师的角色转变

在新课标下，体育教师的角色正在发生转变。作为体育教育领域的专业人士，体育教师承担着执行学校体育政策、培养学生身心和谐健康发展的使命，同时也是传承体育文化的重要使者。体育教师的社会角色不仅代表了他们在社会中的地位和身份，还包含着社会对他们的期望。作为受社会委托的教育工作者，体育教师肩负着促进学生身心和谐健康发展的责任，同时也承担着培养全面发展人才的社会责任。随着基础教育课程改革的不断深化，初中体育也面临着许多新的内容和时代特征。在这样的背景下，体育教师需要更新观念，适应新时代的要求，主动转变自己的角色，更好地适应和服务于学生的成长和发展。

（一）体育教师是体育与健康课程的开发者

教育部于2022年4月颁布了《义务教育体育与健康课程标准（2022年版）》〔以下简称《课程标准（2022年版）》〕，强调了体育教师在课程开发中的主动性和能动性。在这一背景下，体育教师不仅需要思考如何进行教学，还需要深入思考教什么、为什么教。他们将以主人翁的姿态参与到体育课程的开发中，充分考虑学生的兴趣爱好和年龄特点，灵活地选择教学内容，制订合理的学习评价标准，真正实现从大纲的执行者向课程开发者的转变。

首先，体育教师需要理解《课程标准（2022年版）》的要求，明确自己的角色和责任。他们需要深入研读标准文件，了解其中所包含的教学理念、课程目标和内容要求以及评价标准等，为自己的教学实践提供指导和支持。

其次，体育教师需要根据本地和本校的实际情况，结合学生的兴趣爱好和年龄特点，灵活地选择教学内容。体育教师应该深入了解学生的需求和特点，根据不同年龄段学生的发展阶段和能力水平，精心设计适合他们的教学内容，以确保课程的有效性和吸引力。

再次，体育教师还需要选择和设计课程的实施方式、方法和手段，灵活运用多种教学方法，如游戏教学、合作学习、体验式教学等，根据学生的实际情况和课程目标，选择最适合的教学方式，激发学生的学习兴趣，提高教学效果。

然后，体育教师还需要积极参与课程资源的开发和实践，利用现有的教学资源，如教材、多媒体资料、体育设施等，也可以根据学生的需求和课程目标，开发新的教学资源，如课件、实验器材、体育游戏等，丰富课堂教学内容，提高教学质量。

最后，体育教师还需要制订合理的体育课程学习评价标准。体育教师应该根据课程目标和内容要求，设计科学有效的评价方法和工具，对学生的学习情况进行全面、客观地评价，及时发现问题，调整教学策略，提高教学质量。

（二）体育教师是学生身心健康的促进者

在《课程标准（2022 年版）》的指导下，体育教师不仅要传授体育知识和技能，更重要的是要培养学生健康的生活方式和积极乐观的生活态度。这要求体育教师不再是单纯地强调运动知识和技能的传授，而是积极成为学生身心健康的促进者。随着现代科学技术的不断发展和信息资源的丰富多样，体育教师的角色也在发生转变，不再是知识技能的传授者，而是要为学生的体育学习与健康的生活方式提供科学指导，促进学生身体、心理和社会适应能力的共同发展。

体育教师需要重视学生的身心健康，将“健康第一”的理念贯串于教学实践中。体育教师应该全面、多角度地关注学生的身体健康、心理健康以及社会适应能力的培养。通过体育课程的设计和教学实践，促进学生的全面发展，培养其积极的生活态度和健康的生活方式。体育教师需要与时俱进，不断更新自己的教学理念和教学方法，要关注现代科学技术的发展和社会变革的趋势，及时调整教学内容和方法，以适应学生的需求和时代的要求。在信息技术日益发达的今天，体育教师可以利用多种教学资源和教学工具，如互联网、多媒体技术等，为学生提供更加丰富多样的学习体验，引导其树立正确的健康观念和生活态度。此外，体育教师更应注重个性化教学，关注每名学生的特点和需求。通过个性化教学设计和实施，激发学生的学习兴趣，调动学习积极性，帮助其全面发展，成为健康、自信、积极的新时代青年。

体育教师还要加强与家庭和社会的沟通与合作，形成学校、家庭和社会共同育人的良好局面。积极与家长和社会各界沟通，共同关注学生的身心健康，为学生的全面发展和健康成长提供更好的条件和环境。

（三）体育教师是新课程的研究者

体育教师在新课程下不仅要扮演着传授知识和技能的角色，还要成为课程的研究者。

首先，体育教师需要积极参与教学实践，并在实践中不断探索、发现问题。通过亲身的教学实践，体育教师能够深入了解学生的学习需求和特点，发现教学中存在的问题和挑战，为教学研究提供原始数据和实践基础。

其次，体育教师需要结合教学理论和实践经验，对教学过程进行深入反思和分析。审视自己的教学行为、教学方法和教学效果，探索教学中的规律和特点，找出存在的问题和改进的方向，从而提高自己的教学水平和教学质量。

再次，体育教师还需要不断学习和更新教学理念和教学方法，积极参与教育研究和课程改革。关注国内外教育领域的最新研究成果和教学实践，借鉴其他学科和领域的教学经验，不断丰富和完善自己的教学方法和教学内容。

最后，体育教师需要将教学研究与实践相结合，形成连续不断的教学改进循环。根据研究成果和反思结果，调整教学策略，改进教学方法，不断提高教学效果和教学质量。同时，体育教师还应该与同行进行交流和分享，共同探讨教学中的问题和挑战，相互借鉴经验，共同进步。

（四）体育教师是知识的引导者

体育教师不仅要向学生传授体育知识和技能，更要引导学生主动探索、发现和构建知识体系。

1. 体育教师需要激发学生的学习兴趣和求知欲

通过生动、具体的教学内容和形式，激发学生的学习兴趣，调动其主动学习的积极性。例如，通过精彩的体育故事、案例分析或者实践活动，让学生感受到体育知识的魅力。

2. 体育教师需要引导学生进行自主学习和探究

为学生提供丰富的学习资源和学习机会，鼓励其主动参与学习活动，发挥自己的想象力和创造力，积极探索、发现和构建知识体系。例如，通过讨论、研究性学习或者课外拓展活动，引导学生深入思考、探索问题，形成自己的见解和观点。

3. 体育教师需要培养学生自主学习的能力

教会学生如何获取、整理和利用信息，培养其分析思考能力和解决问题的能力，以提高学生的学习效率和自主学习的能力。例如，通过引导学生制订学习计划、阅读体育相关的文献或者进行实验研究，培养其独立思考和自主学习的能力。

4. 体育教师需要注重知识的实践应用和跨学科整合

引导学生将所学知识应用到实际生活中，培养其解决实际问题的能力，并将体育知识与其他学科知识相结合，促进跨学科的整合与发展。例如，通过体育项目设计、比赛策划或者健康生活方式的实践活动，引导学生将所学的理论知识应用到实际操作中，以提高其综合素质和实践能力。

（五）体育教师是学习的合作者

体育教师应该是学习的合作者，是学生的朋友，与学生共同参与学习过程，共同探索、发现和建构知识体系。这种合作性的学习方式有助于激发学生的学习兴趣，培养其合作意识和团队精神，从而促进学生全面发展。

首先，体育教师作为学习的合作者，需要与学生建立积极互动的学习关系。应该倾听学生的声音，了解学生的学习需求和兴趣爱好，尊重学生的个性差异。与学生之间进行积极互动，体育教师可以更好地了解学生的学习情况，更好地指导和帮助学生进行学习。

其次，体育教师需要与学生共同探索、发现和建构知识体系。应该通过启发式的教学方法，引导学生提出问题、解答问题，培养其探究精神和创新能力。学生与教师合作，达到共同学习的目的。

最后，体育教师还需要与学生一起制订学习目标和学习计划，专注学习过程和评价学习效果。教师应该与学生密切合作，根据学生的学习需求和实际情况，制订个性化的学习目标和学习计划，激发学生的学习兴趣和学习动力。在学习过程中，及时发现问题，调整学习策略，以确保达到预期的学习效果。

二、体育教师的专业素养

专业素养是指一个人在特定领域内所具备的专业知识、技能、态度和价值观，以及对该领域所需的道德规范和职业要求的认识和遵守程度。从初中体育教师的角度来看，专业素养是指他们在教育和体育领域中必须具备的各项素质和能力，包括但不限于教学技能、学科知识、教育理论应用、职业道德、教学创新等方面的素养。

（一）广博的学科知识

广博的学科知识是初中体育教师专业素养的重要组成部分，它涵盖了广泛的体育学科领域，包括运动生理学、运动解剖学、运动心理学、运动训练学、体育管理学等多个方面。这些学科知识不仅为教师提供了教学内容的基础，还为他们理解学生的运动行为、设计教学方案、分析教学效果提供了理论支撑。

初中体育教师需要具备扎实的运动生理学知识。运动生理学是研究人体在运动中的生理变化和适应规律的科学，它包含了运动对身体各系统的影响，如呼吸系统、心血管系统、肌肉骨骼系统等。了解这些知识可以帮助教师理解学生在运动过程中的生理变化，用于指导学生进行科学的训练。

初中体育教师需要了解运动解剖学知识。运动解剖学研究人体在运动中的结构变化和功能特点，包括肌肉、骨骼、关节等组织结构和功能。了解这些知识能够帮助教师更好地指导学生进行运动训练，预防和减少运动损伤。

初中体育教师需要熟悉运动心理学知识。运动心理学研究人在运动过程中的心理状态和行为特点，包括运动动机、运动焦虑、运动自信等。了解这些知识可以帮助教师更好地理解学生的心理需求，调动学生学习的积极性和提高参与度。

初中体育教师需要具备运动训练学知识。运动训练学研究运动训练的原理、方法和技术，包括体能训练、技术训练、战术训练等内容。了解这些知识可以帮助教师设计科学的训练方案，以提高学生的运动技能和竞技水平。

初中体育教师还需要了解体育管理学知识。体育管理学研究体育组织、体育赛事、体育场馆等方面的管理和运营问题，包括运动会组织、场馆设施管理、人力资源管理等内容。了解这些知识可以帮助教师更好地组织和管理学校体育活动，提高学校体育事业的发展水平。

（二）全面的教学技能

全面的教学技能是初中体育教师专业素养的重要组成部分，它包括了课堂管理、教学设计、教学评价等多个方面的技能。这些技能不仅能够帮助教师有效地组织和实施教学活动，还能够激发学生的学习兴趣和提高教学效果。

1. 课堂管理

课堂管理包括课堂秩序的维护、学生行为的引导、时间的合理安排等方面。教师要采取有效的措施和方法，保持良好的课堂秩序，营造良好的学习氛围，确保教学活动顺利开展。

2. 教学设计

教学设计是指根据学科内容和学生特点，制订合理的教学目标、教学内容、教学方法和教学过程等方面的计划和安排。教师需要根据学生的学习需求和实际情况，设计生动、具体、富有启发性的教学活动，激发学生的学习兴趣和提高积极性。

3. **教学评价**

教学评价是指对学生学习情况和教学效果进行及时、客观、全面的评价和反馈。教师要运用多种评价方法和工具，如测试法、观察法、访谈法等，全面地了解学生的学习情况和教学效果，并根据评价结果及时调整教学策略，提高教学效果。

除课堂管理、教学设计和教学评价外，初中体育教师还需要具备其他教学技能，如教学方法的灵活运用、教学资源的合理利用、教学内容的生动呈现等。教师应该不断学习和积累，提高自己的教学水平和教学技能，以更好地满足学生的学习需求，促进学生的全面发展。

（三）高尚的道德品质

高尚的道德品质是教师在教育教学过程中必须具备的重要品质，直接关系教师的职业道德和教育教学质量。高尚的道德品质不仅包括了对学生、对教育事业的忠诚和责任，还包括了对自身职业行为的规范和自我约束。

首先，教师应该尊重学生的人格和权利，关爱其身心健康，平等对待每一名学生，不歧视、不偏袒。教师应该倾听学生的意见和建议，关心学生的成长和发展，为其学习提供必要的帮助和支持。

其次，教师应该具备高度的责任感和奉献精神。教师是教育事业的参与者和推动者，肩负着培养学生的使命和责任。教师应该尽职尽责，认真备课、精心教学，为学生的成长和发展做出应有的贡献。

再次，教师应该遵守职业道德和职业规范，保持良好的职业操守。教师应该严格遵守教育法律法规和教育行为准则，不以任何形式侵犯学生的合法权益，不从事违法违规的行为，不利用职权谋取私利。教师应该以身作则，成为学生的榜样和引领者，引导学生树立正确的人生观、价值观和行为准则。

最后，教师应该注重自我修养和自我提升，不断提高自己的综合素质和专业水平。教师应该积极参加各种形式的教育培训和专业交流活动，不断学习新知识、新理论，提高自己的教学水平和教育教学能力。只有不断提升自己，教师才能更好地履行教育使命，为学生的健康成长和全面发展提供更好的教育服务。

（四）强健的身体素质

强健的身体素质对教师的教学工作和身心健康都有着重要的影响。

1. 良好的体能水平是初中体育教师身体素质的基础

体育教师需要达到较高水平的耐力、力量、速度、灵敏性等，以保证能够胜任各种体育教学活动和体育训练任务，更好地引导学生进行体育锻炼，提高学生的身体素质。

2. 良好的运动技能是初中体育教师身体素质的重要表现

体育教师需要掌握多种体育运动项目的基本技能和规则，能够熟练地进行各种体育运动，并能够向学生示范和指导正确的运动技能。教师应该注重训练和提高自己的运动技能，不断完善自己的运动技能水平，以提高自己的教学能力和教学效果。

3. 良好的体质和健康的生活方式是初中体育教师身体素质的重要保障

体育教师应该注重自己的身体健康和生活习惯，保持良好的作息规律，合理饮食，适量锻炼，保持良好的心态。只有身体健康，教师才能充满活力地投入教学工作中，为学生树立良好的榜样。

4. 教师应该注重持续的体育锻炼和自我训练，不断提高自己的身体素质

体育教师可以通过参加体育锻炼课程、健身活动、运动比赛等方式，提高自己的体能水平和运动技能水平。持续地训练和努力，可以让教师不断提升自己的身体素质，更好地为学生的健康成长和全面发展提供支持和帮助。

（五）创新意识与实践能力

体育教师需要具备敏锐的观察力和开拓的思维，能够在教学实践中不断发现问题、探索解决问题的方法，并勇于尝试和实践新的教学理念和教学方法。

首先，体育教师需要具备敏锐的观察力和分析能力。深入了解学生的学习需求和实际情况，及时发现教学中存在的问题和不足之处，为改进教学提供有效的参考和支持。通过对教学实践的深入观察和分析，教师可以更好地把握教学的关键点，提高教学的针对性和实效性。

其次，体育教师需要具备创新意识和勇于尝试的精神。不断关注教育教学领域的最新发展和趋势，积极借鉴和吸收先进的教学理念和教学方法，勇于挑战传统的教学模式，探索和尝试新的教学策略和教学手段。通过不断地创新和实践，教师可以提高教学的灵活性和多样性，为学生提供更加丰富和有效的学习体验。

再次，体育教师需要具备团队合作和沟通协调的能力。与同事、家长和学生建立良好的合作关系，共同探讨和解决教学中的问题，共同促进学生的全面发展。通过与他人的交流和合作，教师可以不断开拓自己的教学视野，丰富自己的教学方法和手段，提高教学效果和教学质量。

最后，体育教师需要具备自我反思和持续学习的精神。定期对自己的教学工作进行反思和总结，及时发现问题和不足之处，并努力改进和提高自己的教学水平。同时，教师应该保持对教育教学领域的持续关注和学习，不断更新自己的知识和技能，与时俱进，保持教学的活力和创造力。

（六）运用现代信息技术的能力

随着科技的不断发展和普及，信息技术已经成为教育领域的重要组成部分，体育教育也不例外。体育教师需要具备运用现代信息技术的能力，以便更好地开展教学工作、提高教学效果、拓展教学手段，同时也能更好地与学生、家长和同行进行沟通和交流。

体育教师需要熟练掌握基本的计算机操作技能和常用办公软件，包括对电脑、平板、智能手机等设备的基本操作，以及对文字处理、表格制作、演示文稿等办公软件的熟练应用。掌握这些基本的计算机操作技能，教师可以更加高效地处理教学事务，如写教案、备课等。

体育教师应该能够利用互联网资源进行教学研究和教学准备，查找和收集相关的教学资料和教学资源，丰富教学内容，提高教学效果。同时，教师也需要能够灵活运用网络工具和平台，如在线教学平台、教育应用软件等，进行在线教学和课堂互动，拓展教学手段，提升教学质量。

体育教师还需要具备多媒体教学技术的应用能力。能够熟练操作多媒体设备，如投影仪、音响设备等，运用多媒体教学资料和资源进行课堂教学，如图片、视频、音频等，以提高教学的趣味性和生动性，激发学生的学习兴趣和提高积极性。

除此之外，体育教师还需要具备在线交流和沟通的能力。能够通过电子邮件、即时通信工具、在线课堂等方式，与学生、家长和同行进行及时、有效的沟通与交流，解答疑问、反馈信息、分享经验，促进教学合作和共同发展。

三、初中体育教师专业素养现状

初中体育教师专业素养在现实中存在着多方面的挑战和不足。

首先，教育观念滞后是其中一个主要问题。部分初中体育教师的教育观念仍停留在传统的教学模式上，缺乏对现代教育理念和教育方法的了解和认同。这导致他们在教学实践中难以适应新的教学需求和挑战，影响了教学质量和教学效果。

其次，知识结构单一也是初中体育教师专业素养现状的一个显著特征。部分教师的专业知识结构较为单一，只注重传统的体育知识和技能，缺乏对跨学科知识和综合素质的重视。这使得他们在教学过程中难以全面培养学生的综合能力，限制了学生的全面发展。

最后，教学技能与科研水平低下也是初中体育教师专业素养现状的一大障碍。部分教师在教学技能方面缺乏创新意识和实践能力，依然沿用传统的教学方法和教学手段，无法有效地激发学生的学习兴趣和提高积极性。同时，部分教师科研水平较低，缺乏对教育教学领域的深入研究和理论积累，影响了教学内容的更新和教学质量的提升。

针对这些问题，需要加强对教师教育理念和方法的培训和引导，丰富教师的知识结构，提高教师的教学技能和科研水平，以促进教师的全面发展和教育教学质量的提升。

第三节　教师发展机制

一、初中体育教师的专业发展

（一）体育教师专业发展的内涵

体育教师专业发展是体育教师在其职业生涯中持续不断地提升自身素养和能力水平的过程。这一过程包括长期的系统专业训练和持续的终身学习，旨在逐步获取体育教育领域所需的专业知识和技能，并在教学实践中不断提升自身的专业素质和修养，最终实现从普通人到体育教育专业工作者的转变。体育教师的专业发展是一个渐进的、持续性的过程，它的内涵主要包含以下几个方面：

首先，专业发展强调持续学习和不断积累。体育教师需要不断学习新知识、新技能，积累教学经验和实践成果，以适应不断变化的教育环境和教学需求。这包括参加专业培训、学习最新的教育理论和科研成果，以及与同行交流经验、分享教学方法等。

其次，专业发展强调个体教师的成长和提升。每位体育教师都应该进行自我反思和自我评估，发现自己的不足，通过学习和实践提高自己的教育水平和专业素养。这需要体育教师具备自我驱动的学习动力和持续改进的意识，不断追求个人的专业成长和发展。

再次，专业发展强调知识和技能的更新和拓展。随着社会的发展和进步，体育教育领域的知识和技能也在不断更新和演进。体育教师需要及时了解和掌握最新的教学理念、教学方法和科研成果，不断拓展自己的知识面和技能，以应对复杂多变的教育挑战。

最后，专业发展还强调专业素质和专业修养的提升。体育教师需要具备良好的职业道德和教育理念，具备团队合作精神和责任担当意识，以及良好的沟通能力和教学技能。这些素质和修养是体育教师成为优秀教育工作者的重要保障，也是其在专业发展过程中不可或缺的重要组成部分。

（二）体育教师专业发展的意义

1. 实现教育现代化

教育的发展与教师专业化水平的提高密不可分。在教育现代化的进程中，教师的专业化水平被视为一个显著的特征和重要的驱动力。作为教育的重要组成部分，学校体育扮演着培养学生身心健康的重要角色。要实现教育现代化的目标，体育教师必须尽快迈向专业发展的道路，以提升整个体育教师队伍的综合素质和专业水平。

教师专业发展是一个终身学习的过程，需要教师随着社会的发展不断学习、不断提升。这一过程是实现教师专业化的关键因素。体育教师专业发展旨在树立终身教育的理念，通过各种方式持续不断地在专业发展道路上提升自身。教师需要通过参加专业培训、研究最新的教育理论和方法、开展教学实践等方式，不断完善自己的教育技能和专业素养，以适应不断变化的教育需求和社会发展要求。

社会的发展对教育的进步提出了更高的要求，而教育现代化则是社会发展与进步的标志。在这一过程中，教师作为教育活动的主要承担者，其专业化程度成为社会进步和教育发展的重要标志。体育教师的专业化不仅是对教育现代化的响应，还是实现教育目标、提升学生身心健康水平的必然要求。只有不断提升体育教师的专业素养和教学水平，才能更好地适应社会的发展需求，推动教育事业不断向前发展。

2. 促进体育课程改革

促进体育课程改革是体育教师专业发展的重要方向之一，也是体育教育事业不断向前发展的关键举措。教师作为课程改革的核心要素和中坚力量，其行为、思维方式、教学方法、内容安排以及教学组织形式等都需要随着课程改革的推进而发生变化。

首先，课程改革要求体育教师更新教育观念和认识。随着社会的发展和教育理念的更新，体育教育的目标和理念也在不断变化。体育教师需要深入理解课程改革的目的和意义，认识到课程改革对于学生综合素质和能力的培养具有重要意义，从而积极参与到课程改革中。

其次，课程改革对体育教师的综合能力提出了更高的要求。体育教师需要具备丰富的专业知识和教学技能，能够灵活运用不同的教学方法和教学手段，设计并组织多样化的教学活动，以满足学生个性化发展的需求。

最后，体育教师必须不断完善自身的知识结构，更新教育理念，提高课程意识。他们需要深入研究体育课程改革的理论和实践，不断探索和尝试新的教学理念和教学方法，以适应不断变化的教育需求和社会发展的要求。

3. 提升体育教师队伍整体素质

随着基础教育体育课程改革的不断深化，体育教育取得了显著的成绩，但也面临着一系列问题，其中之一就是体育教师队伍整体素质与核心素养教育要求之间存在差距。完善教师教育体系、深化人事制度改革、加强中小学教师队伍建设一直是基础教育体育课程的迫切需求。

体育教师队伍建设面临的问题从数量缺乏转变为素质有待提升。过去，体育教师队伍的建设主要关注数量的增加，但随着体育课程改革的不断推进，人们逐渐意识到教师的数量增加并不能完全解决问题，更重要的是要提升教师队伍的整体素质。在教师队伍素质提升方面，体育教师需要不断提高自身的专业水平和教学能力，以更好地适应教育现代化的需求。

国家提出了根据体育教师不同发展阶段提供适宜的帮助和教育的要求，这意味着我们需要为体育教师提供个性化、多样化的专业发展路径。无论是新教师还是资深教师，都应该有机会接受与实际需求相匹配的教育，不断提高自身的受教育程度。这需要建立健全师资培训机制和体系，为体育教师提供系统、全面的培训和学习机会，以促进其专业水平的不断提升。

体育教师专业化是师资队伍建设的重要内容，也是实现教育现代化的重要条件。只有不断提升体育教师的整体素质和专业水平，才能更好地适应新时代的教育要求，推动体育教育事业不断发展和进步。因此，我们需要重视体育教师队伍的素质提升工作，为其提供更多的支持和帮助，共同推动体育教育事业向着更高水平迈进。

4. 提高社会认可度，实现个人价值

体育教师与其他学科教师在社会地位上存在差距，这种差距主要体现在教学和工作方面。在教学方面，体育课程常常被边缘化，排在“主科课”之后，导致体育教师在教学上不受重视。在工作方面，体育教师的薪资待遇和福利相对较低，甚至出现了“同工不同酬”的情况。这种现象导致体育教师在社会认可度上相对较低。究其原因，主要是当前体育教师队伍的专业化程度不高，直接影响了体育教师职业在社会中的认可度。因此，提升体育教师专业化程度是提升其社会地位的重要途径。

此外，体育教师的专业发展不仅有助于推动整个体育教育事业的发展，还有助于实现个人的职业发展和个人价值。通过不断学习和提升，体育教师可以拓展自己的职业发展空间，提高自身的竞争力和市场价值。专业化的发展，可以帮助体育教师实现个人的职业目标和生涯规划，以获得更好的职业发展和个人成就感。

（三）体育教师专业发展的路径

1. 自我提升

在体育教师专业发展的路径中，自我提升是一项至关重要的任务。自我提升意味着体育教师需要通过不断学习、反思和实践，提高自身的教育水平和专业素养，以适应不断变化的教育环境和不断升级的教学要求。

首先，自我提升的关键在于持续地学习。体育教师应该保持对新知识和新理念的求知欲，不断地学习最新的教育理论、课程设计和教学方法。这包括参加各种形式的培训课程、研讨会和专业会议，阅读教育期刊和研究论文，以及与同行交流和分享经验。通过持续的学习，体育教师可以不断拓展自己的知识面，更新教育观念，掌握新的教学技能，为更好地服务学生提供强有力的支持。

其次，自我提升需要体育教师进行反思和自我评估。体育教师应该定期反思自己的教学实践，思考教学过程中遇到的问题和挑战，以及如何改进和提高教学效果。通过反思和自我评估，体育教师可以发现自己的不足之处，找到改

进的方法和策略。这种自我反思不仅能够提高教师的专业水平，还能够增强教师的自我认知和自我管理能力，有助于其更好地应对各种教学挑战和困难。

最后，自我提升还需要体育教师进行实践和探索。在教学实践中，体育教师可以尝试新的教学方法和策略，发现教学的新途径和新技巧。他们可以利用课余时间开展教学实践研究，探索符合学生发展特点和教学目标的教学模式和课程设计。通过实践和探索，体育教师可以不断积累教学经验，提高教学技能，拓展教学思路，实现个人的成长和发展。

2. 在职培训

在职培训是体育教师专业发展的重要途径之一，也是提高师资质量、稳定师资队伍、推动学校体育改革与发展的关键举措。随着基础教育课程改革的深入推进，体育教师需要不断提高自身的业务素质、更新专业知识、拓展综合知识，并不断更新教育教学理念，以适应社会进步和教育发展对学校体育工作提出的新要求。

在职培训的形式多种多样，主要包括教育部门组织的体育教师培训、学校内部或学校之间组织的定期或不定期培训，以及校外培训等。在这些培训中，体育教师有机会接触到新的教育思想、教育理念，获取新的知识和教学方法。特别是近年来在全国范围内开展的“国培计划”，为中小学教师提供了高水平的在职培训，参与人数众多，对于提升体育教师的专业素养起到了积极的推动作用。

校内和校际培训也是体育教师在职培训的主要形式之一。学校可以邀请专家开办讲座、组织体育教学观摩比赛和研讨会，进行参观访问，举办假期培训班等活动，以提升教师的专业水平和教学质量。此外，体育教师可以参加高等院校或教师进修学校等机构开办的课程研修班，也可以参加由高校或体育部门等机构开办的体育单项培训等，学习深造，以拓展自己的专业视野和提升专业能力。

通过各种形式的在职培训，体育教师能够不断更新教育理念，改进教学模式和方法，了解新的教学项目和体育项目，从而更好地投身到体育教育教学工作中。在当前体育课程改革进一步深化的新阶段，应当注重培训的实效性，并对其进行监督和评估，以确保培训的质量和效果。体育教师通过参与不同形式的在职培训，能够不断提升自身的专业素养，以适应教育发展的需要，实现个人的职业发展和成长。

3. 学历提升

学历提升可以为体育教师提供更系统、更深入的学科知识。继续攻读硕士或博士学位，体育教师可以系统学习体育科学、运动训练、教育学等相关学科的理论知识和实践知识，掌握先进的教学理念和教学方法，以提高专业水平和教学质量。

学历提升可以拓展体育教师的教育视野和专业领域。随着学历的提高，体育教师将有机会接触到更广泛的学术资源和教育机会，了解国内外体育教育的最新发展动态和前沿研究成果，拓宽专业视野，提升学科能力和创新能力。

此外，学历提升也可以提升体育教师的职业地位和社会认可度。一般来说，具有较高学历的体育教师在职业竞争中更具优势，更容易获得晋升和职业发展机会，同时也更受学校和社会的认可和尊重，有望获得更好的社会经济待遇和职业发展空间。

为了实现学历的提升，体育教师可以选择不同的学历教育途径，包括常规的全日制硕士和博士研究生教育，也可以选择非全日制、网络教育等灵活的学习方式，以适应工作和学习的双重压力。同时，学历提升也需要体育教师具备持之以恒的学习态度和坚定的学习目标，只有不断努力、不断进取，才能取得学业上的突破和成就。

4. 教师学习共同体

学习共同体是由许多人共同组成的一个社会实践的社区，他们共享着一定的兴趣、问题、目标和活动，并通过持续地互动和协作来相互学习、分享知识和经验。这一概念被进一步发展和应用于教育领域。

体育教师学习共同体是一个聚集体育教育领域专业人士的群体，旨在促进成员之间的知识共享、合作交流，共同提升教学水平和专业素养。首先，共同体为体育教师提供了一个共享经验和知识的平台，成员可以在这里分享教学方法、课程设计以及教学资源，从而不断丰富自己的教学技能和专业知识。这种知识共享有助于消除教学中的孤立感，增强教师之间的合作精神和归属感。其次，共同体也是教学创新和改进的重要场所，成员可以共同探讨教学理念和教学策略，共同研究和解决教学中的难题，推动教学工作不断创新和进步。通过共同体的合作和协作，体育教师可以获得更多的教学资源和支持，从而提高教学质量和教学效果。再次，共同体还为体育教师提供了一个持续学习和专业发展的平台，成员可以参与各种培训和学习活动，不断提升自己的专业素养和教学能力，实现个人的职业发展和成长。最后，共同体的建设也有助于促进体育教育的改革与发展，成员可以通过共同研究和探讨，发现问题、解决问题，推动体育教育理念和实践的创新，促进体育教育事业的不断发展。

构建体育教师学习共同体是一个需要系统规划和持续努力的过程，以下是一些策略：

（1）明确共同体目标与愿景

确定体育教师学习共同体的发展目标和愿景，明确共同体的使命和价值观。这可以作为共同体建设的基础，为成员提供共同的方向和动力。

（2）营造合作文化

建立一种积极的合作文化，鼓励体育教师之间分享经验、资源和想法。通过定期的教学经验交流会、教学观摩活动和合作研究项目等形式，促进成员之间的互动和合作。

（3）提供学习机会

为体育教师提供丰富多样的学习机会，包括专业培训、讲座、研讨会、在线课程等。这些学习机会可以帮助体育教师不断更新知识和技能，提升教学水平和专业素养。

（4）建立支持系统

建立一个相互支持和鼓励的体系，为体育教师提供必要的支持和帮助。这包括导师制度、教学团队合作、专家咨询等形式，帮助体育教师共同解决教学中遇到的问题和挑战。

（5）利用现代技术手段

充分利用现代技术手段，如社交媒体、在线平台等，搭建一个便捷的交流和学习平台。通过在线讨论、资源共享、群组建立等方式，促进体育教师之间的信息交流和互动。

（6）定期评估与反馈

建立一个定期的评估和反馈机制，对体育教师学习共同体的建设进行监督和评估。通过收集成员的反馈意见和建议，及时调整和改进共同体建设的策略和措施。

（7）持续改进和发展

体育教师学习共同体是一个持续发展的过程，需要不断改进和调整。定期对共同体的目标、组织结构和运行机制进行审视和调整，确保其能够适应不断变化的教育环境和需求。

通过以上策略和步骤，可以逐步构建一个积极、活跃的体育教师学习共同体，为体育教师的专业发展和教育事业的进步奠定坚实的基础。

二、体育教师发展激励政策设计

（一）激励与专业发展的关系

激励与专业发展密切相关，既相辅相成，又相互促进。激励政策的设计对体育教师的专业发展具有重要影响。

首先，激励政策可以提供一种外部的动力和动机，激励体育教师积极参与专业发展活动。例如，通过奖励优秀教师、提供职称晋升机会、给予额外薪酬或福利等方式，激励教师参与培训、继续教育、学术研究等专业发展活动。这些激励措施能够鼓励教师不断提升自己的教育水平和专业能力，促进其个人专业发展。

其次，激励政策可以为教师提供发展的机会和平台，激发其内在的学习动机和发展潜力。建立健全的职业发展体系、提供岗位晋升机制、设立专业成长通道等措施，为体育教师提供广阔的发展空间和职业发展通道，激发教师的发展动力，使其能够更好地实现个人职业目标和发展愿望。

最后，激励政策还可以营造一种良好的教育环境和文化，激发教师的创新意识和敬业精神。通过倡导学习型组织文化、提倡教师互助合作、营造开放包容的工作氛围等方式，可以激励教师不断探索教育教学的新方法、新理念，积极参与教研活动和校本课程建设，推动学校教育教学的创新和发展。

因此，激励政策的设计应当注重与体育教师专业发展相结合，既要提供外部的激励机制，又要为教师的内在需求和发展提供支持和保障，促进教师全面发展、提高综合素质。

（二）教师发展激励政策

1. 薪酬激励

薪酬激励是教师发展激励政策中的重要组成部分，对教师的工作积极性、敬业精神和专业发展起着重要的促进作用。薪酬激励政策的设计需要考虑教师的工作表现、专业发展水平和学校的经济实力，以实现激励的有效性和公平性。

首先，薪酬激励可以提供额外的薪酬或奖金来奖励教师的优秀表现和专业发展成果。这包括教学成绩突出、学生表现优异、教学论文发表、参与教育教学改革项目、完成教育培训等方面的成绩，向教师提供一定比例的工资奖金或额外津贴来鼓励其在教育教学方面的积极表现和专业发展。

其次，薪酬激励可以通过建立绩效评价机制来体现。制订科学合理的评价指标和评价体系，对教师的工作表现进行全面客观的评价，将评价结果与薪酬挂钩，实行绩效工资制度，根据评价结果给予不同水平的薪酬待遇，激励教师积极参与教育教学改革和提高自身专业素养。

最后，薪酬激励还可以通过提供晋升机会来体现。学校可以根据教师的工作表现和专业发展情况，设立相应的晋升通道和晋升条件，如评聘高级职称、晋升教研组长或学科带头人等，提供晋升的机会和空间，激励教师不断提高自身水平和专业能力。

总的来说，薪酬激励政策的设计应当既注重激励效果，又注重公平性和合理性。合理设定激励机制，能够有效地激发教师的工作热情和创造力，推动教育教学的改革和发展，提高教师整体素质和学校的教育教学水平。

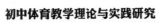

2. 职称评定

职称评定是一种正式的认定机制，对教师的教育教学能力、科研水平、专业贡献等方面进行评价，授予其相应的职称，从而激励教师不断提升自身能力，促进教育教学的发展。

首先，职称评定可以提供一种正式的认定机制，鼓励体育教师不断提高专业水平。通过设立不同级别的职称，并根据教师的工作表现和专业发展情况进行评定，对具备一定条件和水平的教师进行认定，可以激励教师积极投入教育教学和科研工作中，不断提升自身能力和水平。

其次，职称评定可以为教师的职业发展提供清晰的晋升路径。设立不同级别的职称，并规定相应的评定条件和标准，为教师的职业发展提供明确的方向和目标，使教师能够有计划地进行专业提升和发展，激发其对教育事业的积极性和进取心。

最后，职称评定还可以提高教师队伍的整体素质和竞争力。通过对教师的教育教学能力、科研水平、教育质量和成果等方面进行评价和认定，可以筛选出优秀的教师，提高教师队伍的整体素质和竞争力，促进教育教学的不断提高和发展。

总的来说，职称评定作为教师发展激励政策的重要组成部分，对于推动教师的职业发展和提高整体素质具有重要作用。建立科学合理的评定机制，能够激励教师不断提升自身能力，促进教育教学改革和发展，实现教师个人价值和学校教育目标的有机统一。

3. 荣誉奖励

荣誉奖励作为教师发展激励政策的重要组成部分，对于激励体育教师积极投入工作、提升教育教学质量具有重要意义。荣誉奖励不仅可以鼓励教师在教育教学中取得突出成绩，还可以提升教师的职业自豪感和荣誉感，增强其工作的责任感和使命感。

荣誉奖励可以有效激励体育教师的工作积极性和创造性。设立各类优秀教师奖、教学成果奖、教育科研奖等荣誉称号和奖项，对在教育教学中表现突出的教师进行表彰和奖励，可以激励教师不断提高工作水平，努力开展教育教学工作，促进教育教学质量的不断提升。

荣誉奖励可以树立榜样和典型，推动教师队伍的优胜劣汰。对优秀教师进行表彰和奖励，可以树立一批教育教学的典型和榜样，激发更多教师的学习热情和工作动力，进而提高整个教师队伍的素质和水平。

此外，荣誉奖励还可以提升体育教师的社会声誉和职业地位。对优秀教师进行表彰和奖励，可以增强教师的职业自豪感和荣誉感，提升其在社会中的地位和影响力，进一步推动教育教学改革和发展，促进社会对教育事业的关注和支持。

三、体育教师专业发展支持机制

体育教师专业发展的支持机制是促进体育教师专业化发展和提高教学质量的重要保障。教育部门、学校和社会各界可以从多个方面着手，为体育教师的专业发展提供全方位的支持。

（一）教育部门

教育部门应该明确体育教师专业发展的指导思想、政策措施和目标要求，这将为体育教师提供明确的政策支持和指导，使其能够更好地规划自己的专业发展道路。这些政策措施和目标要求应该与当前教育发展的趋势和需求相契合，具有前瞻性和可操作性。

教育部门还应该组织和开展面向体育教师的培训活动。培训活动应该涵盖各个方面，包括但不限于教学方法、课程设计、教学技能等。通过这些培训活动，体育教师可以不断提升自己的专业水平和教学能力，更好地适应教育领域的变革和发展。

除了培训活动，设立奖励机制也是教育部门支持体育教师专业发展的重要举措之一。教育部门可以设立各种奖励体育教师的机制，对表现优秀的教师进行表彰和奖励。这些奖励不仅可以激励体育教师不断提升自身水平，还可以树立典型，带动更多教师积极参与专业发展，形成良好的发展氛围。

（二）学校

学校在体育教师专业发展中的组织支持至关重要。当教师感受到强力的组织支持时，他们会更有动力工作，从而提高自身的专业发展水平。作为执行政策的“最后一站”，学校的组织支持程度直接影响着初中体育教师的专业水平和教学质量。

1. 优化组织管理

学校可以建立健全管理制度和规章制度，明确教师的职责和权利，为教师提供清晰的工作指引和发展路径。同时，学校可以通过定期召开教研会议、交流座谈等方式，及时了解教师的需求和问题，积极为教师排忧解难，提供必要的支持和帮助。

2. 提供良好的工作条件

学校可以投入资源改善教学设施和设备，提升教学环境质量，为教师创造更好的教学条件。此外，学校还可以加强后勤保障，提高教师的工作效率，减轻工作压力，从而更好地促进其专业发展。

3. 营造和谐的人际关系

学校可以建立和谐、包容的工作氛围，倡导教师之间相互尊重、信任和支持。通过加强师生关系、加强师生之间的沟通与合作，学校可以增强教师的归属感和认同感，从而更好地激发其工作热情和创造力。

4. 重视体育工作，并积极组织开展体育教研活动

学校可以将体育教研作为教学工作的重要组成部分，通过组织教师参加各种教研活动、开展教学观摩、交流研讨等方式，促进教师之间的互相学习和交流，提高教学水平和教学质量。同时，学校还可以通过组织体育比赛、文体活动等形式，激发教师的教学热情，增强其专业发展的动力和信心。

（三）社会

1. 尊重

社会对体育教师的尊重至关重要。体育教师是教育事业中不可或缺的一部分，他们不仅是教学工作者，更是学生健康成长的引领者。因此，社会应该尊重体育教师的职业价值和专业贡献，给予他们应有的社会地位和待遇。这种尊重不仅体现在言行举止上，更应该通过政策和制度保障为体育教师提供相应的社会保障和职业发展空间。

2. 资金扶持

资金是支持教育事业发展的重要保障，体育教师的专业发展同样需要资金的支持。社会可以设立专项资金，用于体育教师的培训、进修、科研等方面，为其提供必要的经济支持。此外，企业、社会组织等社会力量可以参与体育教师的专业发展，并通过赞助等方式为其提供资金支持。

3. 舆论宣传

增强舆论宣传力度，加强对体育教师的认知和理解，树立正确的教育价值观。通过媒体报道、宣传活动等渠道，展现体育教师的工作成就和社会影响，弘扬体育教育的价值和意义，激励更多的人投身到体育教育事业中。同时，全社会也应该倡导尊师重教的风气，让体育教师在社会上获得更多的尊重和认可，为其专业发展创造良好的社会氛围。

第五章　初中体育教学的创新与实践

第一节　创新教学方法

一、初中体育教学方法存在的问题

（一）对信息技术使用不足

对信息技术教学手段的使用不足是初中体育教学方法存在的问题之一。传统的教学方法通常局限于课堂板书、口头讲解和示范，缺乏多元化和个性化的特点。中学体育教学应当追求创新和改革，注重运用现代化教学手段来提高教学质量。

多媒体等现代化教学方法的运用可以为教学增添生动性和趣味性，激发学生的学习兴趣和提高参与度。教师可以利用录像、声音、动画、图片等形式，生动地展示技术动作的动态演变过程，使学生对技术动作有更直观的理解。同时，这些技术手段还能够随时快慢回放，帮助学生更好地领会技术细节和要领，从而提高其学习效率。

引入多媒体等信息技术辅助教学手段，不仅能够丰富中学体育课的教学内容，还能够调动学生的学习积极性，激发其学习的内在动机。这样的教学方式不仅省时省力，而且能够使学生在体育教学中取得显著的进步，实现教师与学生的双赢。因此，倡导并推广信息技术在中学体育教学中的应用是非常必要的，有助于提高教学质量和改进学生的学习体验。

（二）体育教师缺乏创新观念

随着信息技术的飞速发展，体育教学也需要不断更新教学方法，注重多元化和个性化的教学方式。然而，一部分体育教师仍然对新颖教学方法的接受较为迟缓。尽管他们已经认识到现代信息技术对教学的重要性，以及社会对人才需求的多元化，但在实际教学中仍然墨守成规，依旧沿用传统的教学方法。

传统的教学方法侧重于技术训练和战术的传授，这在提高学生的运动技能方面确实有一定效果。然而，随着社会的发展和教育理念的更新，教育对于人才的培养提出了更高的要求。传统教学方法过于注重技术和战术的传授，忽视了学生情感、态度和价值观等个性的培养，已经不再符合当今社会对人才的需求和教育的宗旨。

因此，对于体育教师来说，更新教学观念是迫切需要的。他们需要意识到传统教学方法的局限性，积极接受新的教学理念和教学方法。虽然这需要时间和努力，但只有与时俱进，才能更好地适应社会的发展需求，为学生提供更加全面的教育。如何将新的教学观念转化为实际的教学行动，是当前体育教育面临的重要挑战，也是体育教师需要思考和解决的问题。

（三）单一的传统教学法

在中学体育教学中，常规教学方法如完整法、分解法、讲解示范法和比赛法等被广泛应用，但过度依赖这些方法会导致教学过程单一，缺乏足够的多样性和灵活性。学生可能因为对教学方法的单一而感到乏味，导致对学习体育战术的兴趣减退，甚至出现厌学和不认真训练等消极情绪。

传统的常规教学方法固然经过了无数次的检验，具有解决问题能力强、传递信息直观、可操控性强等优点，但在满足当今社会对人才培养需求的同时，也面临着一些局限性。因此，有必要在传统教学方法的基础上创造性地引入多元化的教学方法组合，以提高教学效果和学生的参与度。

教师在中学体育教学中应该注重多元教学方法的创新和运用，充分利用现代技术手段，如多媒体教学、互动教学等，使教学内容更加生动有趣。同时，可以通过组织小组合作学习、情境教学、游戏化教学等方式，丰富教学形式，激发学生的学习兴趣和主动性。

在创造多元教学方法组合的过程中，教师需要不断尝试和实践，注重灵活运用不同的教学方法，根据学生的特点和需求进行调整和优化。只有这样，才能更好地适应时代的发展需求，提高中学体育教学的质量和效果。

二、初中体育教学方法的创新原则

（一）科学性原则

1. 教学方法要符合规律

中学体育教学与其他学科的教学相比，有着独特的特点，其中最突出的是通过身体练习进行教学，学生在反复练习中掌握体育知识、技术和技能。在这一过程中，中学体育教学必须遵循两条教学规律。

首先，动作形成规律对中学体育教学至关重要。动作形成过程分为粗略地掌握动作、改进动作、巩固与运用动作三个阶段。在粗略掌握动作阶段，学生的运动中枢神经呈现扩散状态，技术动作表现为僵硬、不协调。随着练习的深入，学生逐渐进入改进动作阶段，技术动作由泛化逐渐进入分化阶段，错误技术动作得到纠正。最终，在巩固与运用技术动作阶段，学生建立了技术动作的时间知觉和空间知觉，表现为动作准确、熟练、省力、运用自如。教师在教学中应关注学生所处的动作形成阶段，以便有针对性地进行教学指导。

其次，人体生理活动规律对中学体育教学也具有重要影响。人体的成长发育受到先天遗传因素、环境、营养、卫生、教育等多种条件的制约和影响。合理的体育运动训练可以促进头脑清醒，提高心肺功能，使骨骼、肌肉发育健壮有力，提高适应能力和抵抗能力等。然而，运动过度则会对身体造成损伤，因此，体育训练必须具备科学性。体育教师在制订教学计划时应充分考虑生理活动规律，合理安排体育运动训练，以促进学生的健康成长。

综上所述，了解并遵循动作形成规律和人体生理活动规律是中学体育教学的基础。只有合理运用这些规律，才能够提高教学效果，促进学生的全面发展。

2. 教学方法要遵循教学客观原则

教学方法的选择和应用应该遵循教学客观原则，确保教学过程科学、有效。在中学体育教学中，有以下几项重要的原则需要特别注意：

一是自觉积极性原则。教师应当让学生明确学习目的，培养其对体育的兴趣，并根据教学目标和学生的实际情况，制订合适的教学内容和教学方法。

二是全面发展原则。教学内容应该选择能够全面发展学生身体素质的练习，并确保每堂课程内容的多样性，以促进学生的全面发展。同时，在考核项目的选择上也要多样化，使之合理搭配。

三是合理的运动负荷原则。教师需要正确把握体育运动的强度和运动量的关系，确保学生的体能始终处于充盈状态，避免运动损伤，并提高教学效率。

四是循序渐进原则。教学内容应该由简单到复杂、由易到难地安排，保证教学内容的有序性和系统性，使学生能够逐步掌握技能，并在学习过程中逐渐提高。

五是巩固提高原则。教师需要全面了解学生的学习情况，根据不同的特点采取不同的教学内容和教学方法，保证学生的学习进度和效率，并及时通过比赛等形式检验学生的学习成果。

六是统一要求与因材施教相结合的原则。教师应全面了解学生的情况，根据不同学生的实际情况，采取不同的教学方法，确保教学的针对性和有效性。

（二）从实际出发原则

在选择和应用教学方法时，必须遵循从实际出发的原则，充分考虑教师和学生的双重因素，并根据其实际情况选择合适的教学方法。

首先，教师应考虑学生的心理特点和知识基础。由于中学生的年龄和心理发展水平各不相同，教师在选择教学方法时应了解学生的心理特征，并根据学生不同的认知水平和发展阶段选择相应的方法。例如，根据皮亚杰和布鲁纳的理论，教师可以选择动作式、影像式和符号式等不同的教学方法，并使它们处于最优的协调状态。

其次，教师应考虑学生已掌握的知识和认知结构。根据学生原有的体育知识基础或认知结构选择教学方法十分重要。教师可以根据学生的认知水平选择合适的教学方法，促进学生身心向更高阶段发展。

最后，教师个人的特点和教学水平也会影响教学方法的选择。教师应根据自己的素养和条件选择适合自己的教学方法，并根据时间标准和教学任务的要求进行灵活应用。同时，教师要深入开展调查研究，全面了解学生的情况，确定教学的具体要求，并在一般要求的基础上对学生进行个别教育，因材施教。

综上所述，贯彻从实际出发原则意味着教师应该深入了解学生的情况，根据学生的特点和认知水平选择合适的教学方法，并结合自身条件和教学任务的要求进行灵活应用，以实现教学目标，取得良好的教学效果。

（三）直观性原则

直观性原则的理论基础主要来源于辩证唯物主义的认识论和心理学中的感知规律。辩证唯物主义认识论指导我们深刻理解感觉形象在认识活动中的地位，以及思维活动由具体到抽象、由感性到理性的辩证法；而心理学的感知规律则帮助我们理解感觉与知觉的关系，以及掌握各种不同形式直观的作用。

在初中体育教学中，直观形式主要包括实物直观、模像直观和语言直观等，它们在教学中相互协调、互相补充。在使用直观教学手段时，学生可以通过观察、听取技术要领和方法等方式，建立起直观生动的运动技能和战术表象。直观教学手段有利于提高学生的模仿能力和实践能力。

要贯彻直观性原则，教师需要注意以下六个方面：第一，教师要明确直观性原则的要求和目的。直观手段的使用目的在于更有效地完成教学目标，因此在运用直观手段时，要结合教学目标、教材特点和学生基本情况，有目的、有区别地加以考虑。第二，教师本身对学生的直观作用至关重要。教师的示范和讲解对学生建立正确的技术形象非常重要，因此教师应熟悉每项内容，准确地掌握每一个动作要领，确保示范和讲解正确无误。第三，运用直观手段时要严格依据学生的实际情况。直观手段应根据学生的年龄、性别、认知水平等特点进行选择，避免超出学生的能力范围或低于学生的要求，以确保直观手段的有效性。第四，适当运用模像直观手段。当示范和讲解无法达到预期效果时，教师可以借助模型、图片、录像等模像手段进行辅助教学，但要注意掌握适当的时间和空间，避免过度使用。第五，教师的语言要生动形象。生动形象的语言具有直观作用，可以帮助学生更好地理解和掌握技术要领，因此教师应注意语言的生动性和表现力，充分调动学生的学习积极性。第六，直观性原则要贯串教学的全过程。教师在教学中要始终注重直观性原则的贯彻，从示范、讲解到实际操练，都应考虑如何通过直观手段帮助学生建立正确的技术形象。

总之，贯彻直观性原则是中学体育教学中的重要任务，教师需要根据学生的实际情况和教学目标灵活运用各种直观手段，帮助学生建立直观生动的技术形象，从而提高其学习效果和实践能力。

（四）统一要求与因材施教相结合原则

尽管班级授课制带来了教学的统一规范，但学生的年龄、基础知识和技能水平的差异使得单一的统一要求无法满足所有学生的需求，因此需要结合因材施教的原则，个性化地对待学生，促进其全面发展。

首先，了解学生的实际情况是贯彻这一原则的前提。教师需要深入了解学生的体质、健康状况、技能水平和个性特征等方面的信息。只有深入了解学生的情况，教师才能根据学生的实际情况制订合适的教学计划和教学方法。

其次，在面对大多数学生时，教师应根据其共性特点制订统一的教学要求和教学方案，确保教学任务的完成。同时，对于个别学生，教师需要根据其个体差异进行教学，取长补短。

在实践中，教师应根据学生的实际情况和教学目标，采取不同的教学策略。对于大多数学生，教师应提出明确的教学要求，并制订切实可行的教学方案，确保教学任务的完成。教师还需要根据学生个体差异进行个性化的教学，帮助其克服困难，取得进步。

（五）多元性原则

教学方法的多元性体现在其灵活运用和不断创新上。中学体育教学方法的选择和运用并非一成不变，而是根据教学目标、任务、内容、学生特点等因素进行综合考量。在教学过程中，体育教师应根据实际情况，灵活地选择和组合多种教学方法，以达到最佳的教学效果。这意味着教师需要结合时代发展和教育理念的变化不断更新教学方法，创造性地设计教学方案，并根据教学实践不断进行调整和完善。

教学方法的多元性要求教师具备综合运用各种教学方法的能力。在教学过程中，不同的教学方法具有不同的特点和适用范围，教师需要根据教学内容、学生特点等因素，综合考虑各种教学方法的优缺点，灵活运用。这就需要教师具备深厚的教学理论功底和丰富的实践经验，能够在教学实践中灵活地选择和组合教学方法，以最大限度地促进学生的学习和发展。

贯彻多元性原则的实施需要体育教师具备丰富的教学经验和理论知识，能够灵活应对不同的教学情境和学生需求。只有这样，才能更好地满足教学的多样化需求，促进学生全面发展。

三、具体创新方法介绍

（一）分层教学法

初中体育分层教学法旨在根据学生的不同特点和能力水平，将学生分为不同的层次或小组进行教学，以实现个性化教学和提高教学效果。其原理主要基于多元性原则和因材施教原则，旨在满足不同学生的学习需求，促进每名学生的全面发展。

由于学生在体育方面的学习能力、体能水平、兴趣爱好等存在差异，因此，采用一刀切的教学方法并不能满足所有学生的需求。分层教学法充分考虑到这一点，将学生分成不同层次或小组，以便更好地针对每名学生的特点进行教学，实现个性化教育，激发学生的学习兴趣和提高主动性，增强学习动力。

实施初中体育分层教学法的步骤如下：

1. 了解学生的特点和水平

在实施分层教学前，教师需要对学生进行全面调查和了解，包括体能水平、技能掌握情况、兴趣爱好等方面的信息。这样可以帮助教师更准确地划分学生的层次。

2. 根据学生的特点和水平划分层次

根据对学生的调查和了解，教师可以将学生分成不同的层次或小组。这些层次可以根据学生的体能水平、技能水平、兴趣爱好等因素来划分，以确保每个小组的学生水平相对均衡。

3. 确定每个层次的教学内容和教学目标

针对每个层次的学生特点和水平，教师需要确定相应的教学内容和教学目标。这些内容和目标应该既能够满足学生的学习需求，又能够促进其全面发展。

4. 选择适当的教学方法和教学手段

针对不同层次的学生，教师需要选择适合的教学方法和教学手段。对于技能较低的学生，可以采用更加直观、生动的教学方法；对于技能较高的学生，则可以采用更加深入、拓展的教学方法。

5. 实施教学并进行评估

根据确定的教学内容和教学目标，教师可以组织教学活动，并在教学过程中不断调整教学方法，以确保教学效果的实现。同时，教师还应该对学生的学习情况进行及时的评估和反馈，以便及时调整教学策略和教学方法，进一步提高教学效果。

（二）游戏教学法

游戏教学法是一种充满活力的体育教学方法。通过设计各种有趣的游戏活动，吸引学生的注意力，激发其学习兴趣。在这种教学模式下，学生不再是被动地接受知识，而是积极地参与和竞争，主动地探索和学习。例如，在教学篮球运球技巧时，可以设计类似“运球接力赛”的游戏活动，让学生在竞赛中练习运球技能，增强其参与度。同时，游戏教学法也有助于培养学生的团队合作精神和竞技意识。在游戏中，学生需要与队友密切合作，共同完成任务，这不仅促进了学生之间的交流与合作，还培养了其团队意识和团队精神。需要注意的是，在应用游戏教学法时，教师需要注意游戏设计的针对性和规则的清晰性。游戏设计应根据教学目标和学生的实际情况进行，游戏规则应简单明了，易于理解和执行，以避免学生对游戏内容产生困惑和误解。此外，在游戏过程中，教师应多鼓励学生，并在结束后进行反思总结，对学生的表现进行评价和指导，以便学生从游戏中获得有效的学习经验。最重要的是，在进行游戏活动时教师应始终把安全放在首位，提供必要的保护措施，以确保学生的安全。

（三）小组合作法

小组合作法将学生分成小组，让其在小组内相互合作、竞争，共同完成各种任务。这种方法不仅能够促进学生之间的交流和互动，还能够培养学生的团队意识和合作能力，从而提高教学效果。

举例来说，在教授足球技能时，教师可以采用小组合作法。教师将学生分成几个小组，每个小组有自己的任务，如利用传球来突破对方的防守，或者借助合理的跑位来创造进球机会。在这个过程中，学生需要相互合作，制订策略，共同完成任务。通过小组合作，学生不仅能够加深对足球技能的理解和掌握，还能够培养团队合作精神和沟通能力。

小组合作法能够激发学生的学习兴趣，增强学习动力。在小组内，学生之间相互竞争、相互协作，通过合作完成任务，获得成就感和满足感，从而更加积极地投入学习中去。此外，小组合作还能够促进学生之间的交流和互动，增进学生之间的友谊和加强团队精神。通过这种合作方式，学生能够更好地发展自己的社交能力和团队意识，为未来的学习和生活奠定良好的基础。

在使用小组合作法时，教师应该注意以下几点：

1. 教师应该为每个小组设定清晰的任务和目标，确保学生明确知道其需要完成什么任务以及期望达到的目标。

2. 教师需要注意平衡每个小组成员的能力，避免出现一个小组内部成员能力差距较大的情况，从而影响小组合作的效果。

3. 教师在小组合作过程中，应该为学生提供必要的指导和支持，解答其在任务中遇到的问题，确保学生能够顺利完成任务。

4. 教师应该鼓励学生相互交流与合作，在小组内部建立良好的沟通和合作氛围，让其能够充分发挥团队的力量。

5. 教师应该激发学生的自主学习能力和创造力，让其在小组合作中能够提出自己的想法和解决方案，促进学生的思维发展。

教师在小组合作的过程中扮演着组织者的角色，要明确任务和目标，指导学生合理分工。同时，教师也是学生的引导者，需要为学生提供必要的指导和支持，帮助其解决问题，确保任务能够顺利完成。除此之外，教师还应该是学生的激励者，鼓励学生积极参与和合作，在小组合作中发挥自己的潜能，以达到更好的学习效果。

（四）问题探究法

问题探究法是一种引导学生自主思考和解决问题的教学方法。教师通过提出具有启发性的问题，引导学生进行探究和讨论，从而激发其学习兴趣和创造力。举例来说，在体育教学中，教师可以提出关于比赛策略的问题，如如何调整战术、应对对手等。通过这些问题，学生不仅能够理解比赛中的实际挑战，还能够思考解决问题的方法和策略。在问题探究的过程中，教师不要直接给出答案，而是提供必要的指导和支持，鼓励学生自主探究和解决问题。问题探究法能够培养学生独立思考能力和解决问题的能力，提高其学习效率和综合素质。这种方法不仅能够激发学生的学习兴趣，还能够促进其自主学习和创造能力的发展，为未来的学习和生活奠定良好的基础。

（五）多媒体教学法

多媒体教学法作为一种现代化的教学方法，利用先进的多媒体技术设备（如投影仪、电脑等）结合图像、声音、文字等多种形式进行教学。这种方法能够生动直观地呈现教学内容，使学生在视听上得到双重刺激，从而更加深入地理解所学知识。例如，在体育课上教授运动技能时，教师可以播放专业的运动示范视频，让学生清晰地观察运动员的动作要领和技术细节，从而激发其学习兴趣和提高理解能力。与传统教学相比，多媒体教学法具有生动直观、丰富多样、互动性强等多种优势。

教师在运用多媒体教学法时也需要注意一些事项。首先，教师需要选择合适的多媒体资源，确保教学内容与学生的学习水平相匹配。其次，教师应该熟练掌握多媒体设备的操作技巧，以确保教学过程的顺利进行。最后，教师还应该合理控制教学时间，避免将过多时间花费在技术操作上，影响教学进度。合理使用多媒体教学法，能够有效地提高教学效果，激发学生的学习兴趣，促进学生的全面发展。

以上是初中体育教学中常用的一些教学方法，教师可以根据具体的教学内容和学生的特点灵活运用，以实现教学目标的有效传达和学生能力的全面提升。

第二节　课外活动与社会实践

一、体育课外活动的概述

（一）体育课外活动的概念

体育课外活动是指在体育课程之外，学校组织或引导学生开展的各种具有教育意义的体育活动。这些活动旨在通过体育运动和其他相关活动，促进学生全面发展，提高其身体素质、心理素质和社会适应能力。关于体育课外活动概念的界定，主要围绕以下几个核心要素展开：

1. 非课程安排

体育课外活动是在体育课程之外进行的，不受教学计划、教学大纲的限制，它是在学校教学计划之外组织和引导学生参与的活动。

2. 有教育意义

体育课外活动不仅仅是单纯的体育锻炼，更重要的是具有教育意义。这些活动旨在培养学生的健康意识、团队精神、合作能力、领导能力等，促进其全面发展。

3. 多样性和综合性

体育课外活动的形式和内容多种多样，不仅包括传统的体育运动，还包括文艺表演、社会实践、科技创新等各种形式的活动。这些活动的综合性使得学生能够得到全面发展。

4. 学生参与和受益

体育课外活动是面向全体学生的，每名学生都有机会参与其中，并从中获得身心健康方面的收益。活动的目的是满足学生多样化的身心需求，促进其身体、心理和社会适应能力的和谐发展。

综合来看，体育课外活动不仅仅是单纯的体育运动，更是一种有教育意义的全面发展活动。它旨在通过各种形式的活动，培养学生的身心健康，促进其全面发展，是学校教育中不可或缺的重要组成部分。

（二）体育课外活动的原则

体育课外活动的原则是指在组织和开展体育课外活动过程中应遵循的基本准则和指导思想。这些原则有助于确保活动的顺利进行，同时也促进了参与者的全面发展。

1. 自愿原则

自愿原则是指参与体育课外活动应基于自愿，不强制参与。体育活动是学生个体的自由选择，应该充分尊重学生的意愿和兴趣。教师和组织者应提供各种各样的活动选项，让学生根据自己的喜好和特长进行选择。只有在学生自愿的情况下，他们才会更加积极主动地参与活动，享受其中的乐趣和获得益处。

2. 持之以恒原则

持之以恒原则是指体育课外活动应该长期持续地进行，而不是一时冲动或短期行为。体育活动对于学生的身心健康和全面发展具有长远的积极影响，因此应该将其纳入学校教育的长期计划中。教师和组织者需要制订长期的活动计划，并持续不断地进行评估和改进，以确保活动的持续性和稳定性，让学生能够从中受益并养成良好的体育锻炼习惯。

3. 安全性原则

安全性原则是指体育课外活动必须保障参与者的安全。活动组织者在筹备和组织活动时，必须以保障参与者的生命安全和身体健康为首要任务。这包括确保活动场地和设备的安全，制定严格的安全规章，进行全面的风险评估和应急预案，并提供必要的急救设备和培训。只有保障了安全，才能让参与者放心参与活动，享受其中的乐趣和有所收获。

4. 针对性原则

针对性原则是指体育课外活动应该针对参与者的年龄特点、兴趣爱好和发展需求进行设计和组织。不同年龄段的学生有不同的身体素质、认知水平和兴趣爱好，因此需要有针对性地设计相应的活动内容和形式。教师和组织者应该根据参与者的特点和需求，选择合适的活动项目和活动方法，灵活调整活动计划，以确保活动的有效性和吸引力。

二、初中体育课外活动的意义

（一）学校体育的重要组成部分

课外体育活动作为学校体育的一个重要组成部分，不仅是体育教学的延伸，更是学生全面发展的重要途径。课外体育活动为学生提供了更广泛的运动锻炼机会和多样化的体育体验。在运动训练中，学生可以系统地学习和提高特定项目的技能水平，培养专项运动能力；在体育教学中，学生可以接受更系统的理论知识和技能指导；课外体育活动则提供了一个自由、多样化的环境，使学生能够在更广泛的体育项目中自由选择、尝试和实践，这不仅有助于学生发现自己的兴趣和潜能，还能够锻炼其身体素质、培养团队合作精神和领导能力。因此，课外体育活动与运动训练、体育教学相互交融，共同促进学生的全面发展。

（二）提升学生身体素质

在课外体育活动中，学生可以参与各种有氧运动，如跑步、游泳、骑行等，有助于提高其心肺功能和耐力水平；也可以通过体能训练、力量训练等方式增强肌肉力量和爆发力；同时，参与柔道、瑜伽等项目能够提高身体的柔韧性和平衡能力。这些活动不仅可以全面提升学生的身体素质，还可以培养学生的协调性，使其更加灵活自如地适应各种运动和生活场景，以提高生活质量和运动表现。

（三）培养学生的兴趣爱好

课外体育活动也是培养学生兴趣爱好的重要途径之一。体育活动的多样性使学生有机会接触不同类型的运动项目，从而更容易找到自己喜欢的运动方式。例如，有些学生可能对篮球、足球等集体项目感兴趣，而另一些学生可能更喜欢游泳、跑步等个人项目。通过课外体育活动，学生可以不断尝试和探索，从而发现适合自己的运动项目，建立起对运动的浓厚兴趣。

此外，课外体育活动还有助于丰富学生的课余生活。在紧张的学习之余，学生参与体育活动可以放松身心，释放压力，调节情绪，提高生活质量。通过与同学一起参与体育活动，学生还可以增进彼此之间的友谊，促进团队合作意识和集体荣誉感的培养，为校园文化建设和学生健康成长注入更多活力与动力。

培养学生在课余时间进行体育活动的习惯，可以促进其终身运动习惯的养成。在学生的成长过程中，良好的运动习惯不仅有助于保持身体健康，还能够培养学生的自律性、毅力和坚持不懈的品质。因此，课外体育活动可以培养学生的兴趣和爱好，丰富其课余生活，从而使其拥有健康、积极向上的生活方式。

三、初中体育课外活动的类型

（一）间操和课间活动

间操作为一种短时、简单的体育操练，常常在课间或课余时间进行。其内容主要包括简单的体操动作、有氧运动和拉伸放松等，旨在提升学生的体能水平。由于间操时间短、动作简单易学，并且不需要专门的器材，因此适合绝大多数学生的参与，是学生课间休息的重要组成部分。

课间活动更加多样化，可以包括晨操、校园足球、篮球、羽毛球、乒乓球等体育项目，也可以是简单的体育游戏、竞赛或健身操练。课间活动的丰富性为学生提供了多样化的选择，能够满足不同兴趣爱好的学生需求，使其在放松身心的同时得到锻炼。

（二）体育社团和运动队

体育社团和运动队是初中体育课外活动的重要形式之一，它们为学生提供了参与各种体育活动的平台，并在学生的身心发展中起到了积极作用。

体育社团是由对某项体育运动感兴趣的学生自愿组成的组织，旨在促进学生对体育运动的热爱和专业技能的提升。例如，篮球社团、足球社团、羽毛球社团等，通过定期的训练和比赛，帮助学生提高运动技能，培养团队合作精神和领导能力。

运动队是由学校选拔优秀运动员组成的代表性队伍，主要参加各级各类的比赛和交流活动。运动队的成员通常经过层层选拔，具有一定的竞技水平和专业训练经验，代表学校参加比赛，展现了学校的体育水平和风采，也为学校赢得了荣誉。同时，加入运动队的学生还能够接受系统性的训练和指导，提高个人技能水平，增强比赛应变能力和心理素质。

综合而言，体育社团和运动队在初中体育课外活动中具有重要地位和作用，它们不仅为学生提供了展示自己的平台，还培养了学生的团队精神、竞争意识，增强其责任感。因此，学校应该积极支持和鼓励体育社团和运动队的建设，为学生的全面发展提供更多的机会和平台。

（三）体育竞赛和运动会

体育竞赛是一种有组织、有计划、有目的的竞技活动，旨在锻炼学生的体能、培养其竞技精神和团队合作能力。在体育竞赛中，学生通过参与各种项目的比赛，可以充分展现自己的体育才华，增强自信心和自尊心，同时也可以学会尊重对手、团结合作，培养良好的竞技风格和品德修养。

运动会是学校定期举办的大型体育盛会，通常包括各种田径、球类等比赛项目。运动会不仅是一场体育盛会，更是一种对学校体育文化进行展示和传承的活动。通过参与运动会，学生能够感受到体育运动的魅力，增强对体育锻炼的兴趣，同时也能够学习到团结协作、拼搏进取的精神。

四、初中体育社会实践的类型

（一）远足、郊游

初中体育社会实践的一种重要形式是远足和郊游活动。这些活动为学生提供了与自然亲近、锻炼身体和增进团队合作的宝贵机会。远足和郊游活动通常在户外进行，可以使学生远离城市喧嚣，走进大自然，感受清新的空气和美妙的风景。在这样的环境下，学生可以放松心情，舒缓压力，有助于其身心健康发展。

除了享受大自然的美景外，远足和郊游活动还能够锻炼学生的身体素质。徒步行走不仅能够增强学生的体力和耐力，还可以培养其协调能力和平衡能力。在跋山涉水的过程中，学生需要克服各种困难和挑战，培养了其意志品质和毅力，增强了自信心。

此外，远足和郊游活动也是团队合作的良好机会。学生需要相互协助、互相配合，共同完成旅途中的各项任务。通过团队合作，学生能够培养团队精神、加强沟通能力，增强集体荣誉感和归属感。

（二）拓展训练营

拓展训练营是初中体育社会实践的另一种重要形式，旨在通过各种户外拓展活动，挑战学生的身体和心理极限，培养其个人意志、团队合作意识和领导能力。

在拓展训练营中，学生通常可以参与攀岩、绳索索道、障碍赛等各种户外挑战项目，这些挑战性项目能够激发学生的勇气和毅力，使其克服恐惧心理和挑战自己的极限。攀爬高难度的岩壁或跨越吊桥，学生能够增强自信心，培养勇敢面对困难的勇气。

除了个人挑战项目外，拓展训练营还需要学生相互配合、互相支持，注重团队合作，共同完成各项任务。在团队建设的过程中，学生可以学会倾听他人意见、尊重他人想法，同时发挥自己的优势，促进团队目标的实现。

此外，拓展训练营还包括一系列团队合作游戏和训练，如解密游戏、沙盘模拟、队形操练等。这些活动旨在培养学生的团队精神、沟通能力，增强其集体荣誉感和团队凝聚力。

（三）青少年体育俱乐部

青少年体育俱乐部是协助青少年进行体育锻炼和培养兴趣爱好的一种组织形式，通常由学校、社区、体育机构或民间组织等建立和管理。这些俱乐部旨在为青少年提供一个良好的运动环境和培训资源，促进其身心健康发展。

青少年体育俱乐部中，通常会设置各种各样的体育项目和体育课程，如足球、篮球、网球、游泳、跆拳道等，以满足不同学生的兴趣和需求。俱乐部会聘请专业的教练和指导员，负责对会员进行系统性的训练和指导，帮助其提高运动水平和运动技能。

此外，青少年体育俱乐部也会组织各种体育比赛、交流活动和社会实践，如校际比赛、友谊赛、户外拓展等，让会员们有机会展示自己的技能、结交新朋友，拓宽视野和经验。

青少年体育俱乐部的建立对青少年的身心发展具有积极意义。首先，它为青少年提供了一个积极健康的课余活动平台，让其远离不良娱乐和不良行为。其次，通过参与体育锻炼和比赛，青少年能够增强体质，提高身体素质，养成良好的生活习惯。最后，俱乐部的集体活动也有助于培养青少年的团队合作精神、领导能力和社交技能，增强其自信心和责任感。

因此，青少年体育俱乐部作为一种重要的社会实践形式，对于促进青少年的全面发展和健康成长具有重要意义，应得到学校、家庭和社会的关注和支持。

五、初中体育课外活动和社会实践的组织与管理

（一）活动策划和组织

初中体育课外活动和社会实践的组织与管理至关重要，其中活动策划和组织是确保活动顺利进行的关键环节。在策划和组织过程中，以下步骤尤为重要：

第一，制订活动计划和目标是整个过程的基础。这需要明确活动的宗旨和目的，如促进学生身心健康、提高团队合作能力或者培养社会责任感等。同时，还需要根据参与学生的年龄、兴趣爱好以及资源条件，制订出可行的活动计划。这一步骤的关键是确保活动目标具体、可行、量化，并与学校教育目标相一致。

第二，确定活动内容和形式是实现活动目标的关键。这需要考虑学生的兴趣爱好和需求，以及课程大纲的要求。可以选择丰富多样的体育项目，如篮球、足球、羽毛球等，或者安排户外拓展、义工活动等社会实践项目。同时，要根据学生的特点和能力水平，合理安排活动的难度和时间长度，确保活动既能激发学生的兴趣，又能达到预期的教育效果。

（二）资源准备和协调

资源准备和协调是初中体育课外活动和社会实践组织与管理的另一个重要方面。在这个过程中，以下步骤尤为关键：

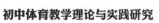

1. 确保场地和设备的准备

确保场地和设备的准备是体育课外活动顺利进行的基础。首先，选择合适的场地至关重要，如体育场馆、操场、公园等。在选择场地时，需要考虑活动的性质、规模和特点。例如，进行球类运动的活动可能需要宽敞平坦的场地，而进行拓展活动则可能需要具有多样化地形的户外场地。确保场地符合活动的需求，能够为活动的顺利进行提供足够的空间和安全的环境。其次，准备适当的体育器材，这涉及篮球、足球、排球、羽毛球等各类体育器材的准备工作。根据活动的性质和规模，确保提供足够数量和种类的器材，并保证其质量和安全性。此外，还需要确保器材的完好性，及时进行检查和维护，以防止发生意外情况。

在准备场地和设备时，安全是首要考虑的因素。需要确保场地和设备符合安全标准，并能够满足学生参与活动的需求。例如，场地表面应平整、无障碍物，器材应稳固可靠、无损坏。另外，还要提前做好检查和维护工作，确保场地和设备的完好性和可用性。认真的准备工作，可以为体育课外活动提供安全、舒适的环境，保障活动的顺利进行和参与者的安全。

2. 协调相关人员和机构的支持

协调相关人员和机构的支持是体育课外活动顺利进行的重要保障。这涉及多方的合作和协调，包括教师、学生、家长、学校管理人员、志愿者等。首先，教师和组织者需要与相关人员进行充分的沟通，明确各自的职责和任务。教师应负责活动的策划、组织和指导工作，学生则是活动的参与者和执行者。明确分工，都能确保各方充分参与和配合，从而提高活动的效率和质量。其次，教师和组织者还需要与家长进行有效的沟通和合作。他们可以向家长介绍活动的内容、安排和安全措施，征求家长的意见和建议，并提供必要的支持和帮助。家长的积极参与和支持对于活动的顺利进行和学生的健康成长至关重要。

除了内部的合作和协调外，教师和组织者还需要与外部机构合作，获取必要的支持和资源。这包括社区组织、体育协会、当地政府等，可以为活动的顺利进行提供必要的保障。

（三）制定安全规章

根据体育课外活动的计划，主管校长应召集相关部门，共同制定并实施体育课外活动的相关制度。这些制度包括晨操制度、课间操制度、大课间活动制度、班级课余体育锻炼轮换制度等，旨在规范学生在校园内进行体育活动的时间和方式。这些制度应该纳入学校的作息时间，并由各部门共同管理，以确保各项制度能够有效地实施和操作。

与制度相配套的工作规范也是十分重要的。这些工作规范应当包括具体的操作步骤、责任分工、安全注意事项等内容，以保证活动的顺利进行和参与者的安全。例如，在晨操制度下，工作规范可以包括教师如何组织学生进行晨练、如何进行热身活动、如何保障学生的安全等方面的详细规定。在课间操制度下，工作规范可以包括教师如何指导学生进行操练、如何避免意外伤害等方面的具体要求。

科学的规范管理是有步骤、有秩序地实施课外活动的基本保障。通过制定明确的安全规章和配套的工作规范，学校可以提高体育课外活动的管理水平，保障学生的安全，促进学生的身心健康发展。同时，还可以帮助学生养成良好的体育锻炼习惯，提高其团队合作能力和自我管理能力。因此，制定安全规章和工作规范是体育课外活动管理的重要环节，需要学校各相关部门共同努力，切实加强管理，确保活动的顺利进行。

第三节　成功案例分享

自滨州市实施普通高中新课程改革以来，笔者所在的中学根据学校实际情况和学生兴趣，对田径体育教学进行了尝试性改革，旨在探索如何使田径课程更具效果和创新性。我们制订了一套田径差异化教学模式，并在实施过程中取得了显著成效，这为体育课的分层教学提供了有益参考。

一、分层教学的理论基础

（一）维果茨基的最近发展区理论

维果茨基的最近发展区理论是分层教学的重要理论基础之一。该理论主张，学生的学习能力和认知发展处于一个动态变化的过程中，而教学应该根据学生的当前认知水平，将教学内容设置在学生能够独立完成的“最近发展区”内。这个“最近发展区”指的是学生在有一定帮助和指导下能够完成的任务的范围，即学生已经掌握的知识和技能与其潜在发展水平之间的差距。

在分层教学中，维果茨基的最近发展区理论指导教师将学生划分为不同层次的学习小组，以满足每名学生在学习上的个体差异。对处于不同认知水平的学生，教师应该设置不同难度的教学目标和教学任务，以确保每名学生都处于其“最近发展区”的学习状态。对于那些处于更高认知水平的学生，教师可以提供更具挑战性的任务，帮助其拓展知识边界；而对于那些处于较低认知水平的学生，教师则需要提供更多的支持和指导，帮助其逐步发展并达到更高的认知水平。

这种基于维果茨基的最近发展区理论的分层教学，有助于最大限度地发挥学生的学习潜能，促进其认知发展。通过合理设置学习目标和学习任务，教师可以根据学生的实际情况，灵活地调整教学策略，确保每名学生都能够在适宜的学习环境中取得进步。这样的个性化教学方法不仅能够提高学生的学习兴趣和自信心，还能够有效地提高整体教学效果，为学生的全面发展奠定良好的基础。

（二）掌握学习理论

掌握学习理论，又称为“掌握导向学习理论”或“掌握取向学习理论”，该理论强调学习过程中的认知层次和深度，侧重于学生对知识的理解和应用，而不是简单的记忆和重复。掌握学习理论认为，学生将新知识与已有知识结合，通过解决问题、分析情况、评估信息等方式来掌握新知识，从而形成更深层次的学习。

在分层教学中，掌握学习理论提供了重要的指导。根据这一理论，教师应该设计多层次、多样化的学习任务和评价方式，以促进学生在认知上的深度理解和应用能力的发展。对于不同层次的学生，教师可以根据其学习水平和能力水平设置不同难度的任务，以确保每名学生都能够在适宜的挑战下取得进步。对于那些掌握能力较强的学生，可以提供更加复杂和具有挑战性的学习任务，以激发其学习兴趣和动力；对于那些掌握能力较弱的学生，则需要提供更多的支持和指导，帮助其逐步掌握知识。

此外，掌握学习理论还强调了学习的自主性和积极性。在分层教学中，教师应该鼓励学生主动参与学习过程，并提供适当的学习资源和支持，以激发学生的学习兴趣和动力。灵活运用掌握学习理论的原则和方法，可以更好地满足学生的学习需求，提高教学效果，促进学生全面发展。

（三）人本主义教学思想

人本主义教学思想是指将人置于教学的核心位置，强调尊重学生的个性、情感和需求，致力于培养学生全面发展和自我实现的教育理念。

人本主义教学思想的核心理念是认为每名学生都是独特的个体，有着独特的需求、情感和潜能。因此，在教学过程中，教师应该尊重学生的个性差异，关注学生的情感体验，满足其成长需求。与传统的以教师为中心、注重知识传授和纪律的教学模式不同，人本主义教学强调建立师生之间平等、尊重、信任的关系，让学生成为学习的主体，教师则充当引导者和促进者的角色。

在实践中，人本主义教学思想体现为提供开放、自由的学习环境，鼓励学生表达自己的想法和观点，激发学生的创造性思维和自主学习动机。教师注重倾听、理解和接纳学生，关注其情感需求和学习困惑，建立良好的人际关系，激发学生的学习兴趣和调动积极性。此外，人本主义教学也强调个性化的教学方法，根据学生的特点和需求设计教学内容和活动，促进学生全面发展和自我实现。

（四）教学过程最优化理论

教学过程最优化理论强调在教学过程中寻求最佳的教学方法和教学策略，以达到最佳的教学效果。分层教学与教学过程最优化理论相辅相成，结合了教育心理学和教学方法学的相关理论，旨在根据学生的不同特点和需求，针对性地设计和实施教学，以促进每名学生的个体发展和学习成就。

教学过程最优化理论提供了一种科学的教学理念和方法，其核心观点是通过系统性的教学设计和实施，不断优化教学过程中的各个环节，以提高学生的学习效率和教学效果。在分层教学中，这一理论为教师提供了指导和支持，使其能够更好地应对不同层次学生的学习需求，实现个性化的教学目标。

教学过程最优化理论的关键特点和原则与分层教学密切相关。首先，教学过程最优化理论强调设定明确的教学目标，并通过有效的评估方法来监测学生的学习进展。在分层教学中，教师需要根据学生的不同层次和能力水平设定相应的教学目标，并进行定期的评估和反馈来调整教学策略，确保每名学生都在适宜的学习轨道上。其次，教学过程最优化理论强调个性化教学，即根据学生的个体差异和学习需求，采用不同的教学方法和教学策略。在分层教学中，教师根据学生的分层情况，灵活运用不同的教学资源和教学手段，为每名学生提供个性化的学习支持和指导，促进其全面发展。最后，教学过程最优化理论还强调资源的有效利用和持续改进。在分层教学中，教师需要充分利用各种教学资源，包括教材、多媒体教具、信息技术等，为不同层次的学生提供丰富的学习体验。同时，教师还应不断反思和改进教学实践，以不断提高教学质量和水平，为学生的学习提供更优化的支持和指导。

二、具体实施

（一）教学分层

教学分层是差异化教学的第一步，旨在根据学生的不同特点和需求，将全班学生分成不同层次的小组，以实现个性化的教学目标和教学效果。

首先，教学分层的过程涵盖了多方面的信息收集和分析。通过问卷调查、翻阅学生健康档案以及统计上一学年期末体育测试成绩等方式，教师全面了解学生的基本情况，包括生理健康状况、学习态度、兴趣爱好、体能和技能情况等。这些信息为教师对学生进行分组提供了科学依据。

其次，在将学生分成A、B、C三个组之后，每个组的特点和特征也被明确描述。A组的学生具备较高的自主参与体育运动能力和技能掌握能力，具有较高的分析与思考能力；B组的学生能够基本自主参与体育运动，身体素质处于一般水平；C组的学生运动技能基础较差，但仍具备通过适当训练提高的潜力。这种分类有助于教师更好地了解每个组的学生，并为接下来的教学实践做好准备。

在实施学生差异化教学过程中，教师需要加强对学生的心理疏导工作，通过开展深入细致的思想工作，帮助学生正确理解差异化教学的意义，培养学生对这种教学方式的认同感，消除其心理障碍。这种心理疏导工作是分层教学成功实施的重要保障，有助于学生更好地适应不同的学习环境和教学方式。

再次，动态管理也是教学分层的重要组成部分。根据学生学习情况对各层次学生进行适当的调整，是保证教学效果的重要手段。通过不断地监测学生的学习进展，教师可以及时调整教学策略和教学内容，以确保每名学生都能够在适宜的学习环境中取得进步。

最后，引入竞争激励机制是教学分层中的一种重要策略。各组选出一名组长和一名副组长，可以促使学生之间形成积极向上的学习氛围，激发学生的学习兴趣和动力。这种竞争激励机制有助于增强学生的团队合作意识，推动学生共同进步。

（二）分层定标

在教学分层后，每堂课的教学目标应根据学生的不同层次和能力水平进行合理制订，以激发学生的学习动力，并使其能够达到各自的教学目标。以下是针对不同组别学生的分层定标教学目标：

A 组目标：

掌握起跑、途中跑、弯道技术、冲刺跑等基础理论知识。

熟练掌握田径技术动作，包括起跑、加速、转弯和冲刺等。

深入理解田径动作技术的原理和应用，在实践中能够灵活运用。

提高成功率，在教学比赛中表现较为熟练。

具备一定的身体素质水平，能够完成较为复杂的学习任务，并能够创造性地运用所学知识。

B 组目标：

掌握起跑、途中跑、弯道技术、冲刺跑等基础理论知识。

较熟练掌握田径技术动作，具备基本的技术运用能力。

具备分析问题和解决问题的能力，在实践中能够较为独立地应对各种挑战。

在实践中不断提高身体素质水平，进一步完善动作技能。

C 组目标：

掌握起跑、途中跑、弯道技术、冲刺跑等基础理论知识。

能够基本掌握田径技术动作，尽管可能还存在一些不够熟练的地方。

通过实践逐渐提高身体素质水平，增强体能和运动能力。

能够基本完成教学任务，为进一步提升做好基础准备。

通过这样的分层定标，教师可以更加精准地制订教学目标，根据学生的实际情况和能力水平，激发学习兴趣和动力，推动其逐步提升技能水平，实现个性化的学习目标。同时，这也有助于保证每名学生都在适宜的学习区域内，获得积极的学习体验和成就感。

（三）分层施教

分层施教是差异化教学中至关重要的环节，特别是在体育课堂中，因为学生的身体素质和运动能力差异较大，所以分层施教的必要性更加突出。在田径教学过程中，教师需要精心设计教学活动，以满足不同层次学生的学习需求和发展水平。

对于A组学生，教师应该采取少讲多练的教学方式，让学生主动参与到课堂活动中，并相互帮助、相互竞争。注重培养其综合运用知识的能力，提高田径技能技巧。教师可以设计一些富有挑战性的任务和活动，激发其学习兴趣和动力，同时引导学生在竞争中不断进步。

对于B组学生，教师应该实行精讲精练的教学策略，着重帮助其掌握田径基本动作技术和训练基本技能。教师可以通过示范、讲解、练习等方式，重点讲解关键技术要点，帮助学生理解和掌握动作技术的精髓，然后进行系统的练习和训练，确保学生能够熟练掌握所学内容。

对于C组学生，教师应该采取放低起点、浅讲多练的教学方法，帮助其逐步掌握必要的基本动作技术。教师可以通过简单易懂的语言和示范，引导学生逐步理解和掌握动作要领，然后进行反复练习，巩固所学内容。重点是让学生建立起信心，克服学习中的困难，逐步提高技能水平。

此外，在课堂提问时，教师需要注重层次性，根据学生的不同层次提出不同的问题，要有启发性和及时性，充分调动学生的积极性。

（四）分层练习

分层练习在体育教学中扮演着重要角色，它通过不同层次的小组自主合作学习的方式，激发学生的学习兴趣和学习动力，促进学生的全面发展。

首先，针对不同层次的小组，体育教师引导学生根据各自的学习目标进行自主合作学习。学生根据自身体能、技能等实际情况，选择最适宜的学练方法。教师可以提供不同难度和形式的练习任务，让学生根据自己的能力水平选择适合自己的练习内容，从而提高学习的效率。

其次，利用小组间及小组内的集体思考、集体评价以及学生间的互帮互学，激发学生的学习欲望。通过组内讨论、分工合作、相互质疑和比赛等活动，学生可以共同解决问题、相互学习，增强团队合作意识。教师在此过程中扮演着引导者和监督者的角色，帮助学生充分发挥集体智慧，共同完成学习任务。

再次，体育教师鼓励学生通过递进难度完成学习任务，允许学生根据自己的实际情况降低难度，夯实基础，这样可以保证每名学生都在适宜的学习环境中逐步提升自己的技能水平。

最后，组内讨论、分工合作、集中讨论等活动，可以培养学生的主动性和合作精神，提高教学质量。学生在这样的学习氛围中能够更好地相互促进、共同进步，培养出互助合作、团结友爱的精神，增强社会适应能力，为其未来的发展奠定坚实的基础。

（五）分层指导

分层指导是差异化教学中的重要环节，针对不同层次的学生，采用不同的指导方法和策略。在田径教学中，分层指导可以有效地满足学生的不同学习需求和能力水平。

针对 A 组学生，体育教师应提出高要求、高标准，通过精准的指导和个性化的辅导，力求让其在田径技术上有新的突破和提高。教师可以针对 A 组学生的特点和能力水平，设计更加复杂、高难度的训练任务和技术要求，激发其学习兴趣和动力，引导学生不断挑战自我，实现更高水平的技术表现。

对于 B 组学生，体育教师应该采取中等难度的指导方式，着重帮助其巩固基本技能，逐步提高技能水平。教师可以结合 B 组学生的实际情况，适当增加训练难度，引导学生在稳步提高的同时，不断挑战自我，向 A 组学生发展。同时，教师也要关注 B 组学生的个体差异，根据不同学生的实际情况，进行个性化的指导和辅导，帮助其克服学习中遇到的困难，实现个人潜能激发的最大化。

对于 C 组学生，体育教师应该采取低起点、严要求、勤指导、多表扬的指导方式。针对 C 组学生可能存在的基本技能不足和自信心不足的情况，教师应该耐心指导，细致讲解，通过适当的肯定和鼓励，帮助其树立信心，克服困难，逐步提高技能水平。

（六）分层评价

分层评价在差异化施教过程中扮演着重要的角色，它将评价焦点从单纯的结果性评价转变为个体内差异评价，更加关注学生的个体差异和学习过程，有助于调动学生的学习积极性、改进动作技术、提高身体素质和运动能力、养成锻炼的好习惯。

传统的体育教学往往只关注学生的结果评价，忽视了学生的学习过程，这种评价方式不利于激发学生的内在动力和积极性。因此，采用个体差异评价法是十分必要的。这种评价方式将评价对象的现在和过去进行比较，或者将评价对象的不同侧面进行比较，既承认和尊重学生的个体差异，又能激发学生的内在潜能，让其体验到成功的快乐。在个体内差异评价中，教师可以根据学生的个体特点和进步情况给予及时的肯定和建议，帮助其不断提高自己的技能水平。

此外，测试成绩也应该体现个体内差异特点，对不同层次的学生采用不同的及格标准。例如，在立定跳远项目中，A 组的及格标准可以设为 2 米，B 组可以设为 1.9 米，C 组可以设为 1.8 米。对于身体素质较差但学习态度认真的学生，也可以适当降低及格标准，以鼓励其继续努力。

三、教学效果总结

笔者所在学校田径课实施分层教学的教学效果是非常显著的，主要表现在以下 5 点：

第一，通过分层教学，学生能够根据自己的实际水平和兴趣进行学习，每名学生都能够在适合自己的学习环境中获得最大的发展空间。这种个性化的学习方式激发了学生的学习兴趣和动力，提高了学生的学习效率。

第二，分层教学使得每名学生都能够在适合自己的层次上找到学习的重心，避免了因为学习内容过于简单或过于困难而导致学生失去兴趣。在这个过程中，学生参与度明显提高，课堂氛围更加活跃。

第三，由于学生能够在适合自己水平的层次上进行学习，故其更容易取得进步，也更愿意接受挑战。这种学习积极性的增强有助于学生更好地投入学习中，提高学习效率。

第四，通过分层教学，学校体育课的整体教学质量得到了提升，学生成绩呈现稳步提升的趋势。在此阶段，不同层次学生的成绩均有所提高，整体教学效果得到了显著改善。

第五，分层教学使得教师能够更好地了解每名学生的实际情况和学习需求，以便更有针对性地进行教学指导。这种个性化的关注和帮助加强了师生之间的联系和信任，师生关系更加融洽。

综上所述，本校体育课实施分层教学取得了显著的教学成效。个性化的教学方式，激发了学生的学习兴趣和动力，使学生成绩稳步提升，促进了学生全面发展和身心健康，同时也加强了师生之间的联系和信任。这为今后体育课程的教学提供了有益的经验和借鉴。

第六章　初中生体育兴趣与参与度研究

第一节　学生兴趣培养

一、学生体育兴趣的现状分析

对初中生体育兴趣的调查和统计数据是评估学生参与体育活动的热情和兴趣程度的重要依据。以下是对初中生体育兴趣现状的分析：

（一）调查对象和样本选择

调查对象为笔者所在学校初中三个年级的学生。

（二）调查方法

根据研究目的，采用面对面访谈和小组讨论的形式，随机对三个年级的学生进行调查。

（三）调查内容

调查内容涵盖多个方面，包括：

1. 学生对不同体育项目的兴趣程度；
2. 学生参与体育活动的频率和时长；
3. 影响学生参与体育活动的因素，如兴趣、家庭环境、学校政策等；
4. 学生对体育课程内容和方式的看法；
5. 学生对体育设施和资源的需求等。

（四）调查结果

1. 不同性别、年龄段、兴趣爱好的学生对体育活动的态度和参与程度存在差异

（1）性别

男生对体育活动的兴趣和参与程度高于女生。这可能是因为男生在生理上更偏向于体育活动，也可能是因为受到文化因素和社会因素的影响。

（2）年龄段

低年级学生通常对体育活动表现出更高的兴趣和参与度。这是因为他们天生充满活力与好奇心，并且拥有相对较多的课余时间。相比之下，虽然高年级学生在体育活动中的参与度也较高，但他们面临较重的课业压力和更为紧张的课余时间。

（3）兴趣爱好

个体间的兴趣爱好差异较大，一些学生可能对球类运动感兴趣，而另一些学生则可能更喜欢田径运动。

2. 学生对某些体育项目可能有较高的兴趣，而对其他项目则兴趣不高

这与学生个体的兴趣爱好、经历以及对不同项目的认知有关。例如，有些学生可能对足球或篮球等团体项目感兴趣，而对田径或游泳等个人项目则没有那么高的兴趣。

3. 学生对体育活动的参与度受到多种因素的影响

（1）学校环境

学校提供的体育设施、教学内容和教学方法会影响学生对体育活动的态度和参与程度。如果学校重视体育教育，并提供丰富多样的体育项目和资源，学生可能更愿意参与。

（2）家庭支持

家庭对体育活动的态度和支持程度影响学生的参与度。家庭成员是否鼓励学生参与体育活动、是否提供支持的环境等都会对学生产生影响。一些家长认为参与体育活动会占用学习时间，对学习没有帮助，也存在受伤的风险，所以反对学生参加体育活动；另外一些家长觉得参加体育活动可以锻炼身体，提高身体素质，所以较为鼓励学生积极参与体育活动。

（3）个人偏好

学生个人的兴趣爱好、身体素质、社交能力等因素也会影响其对体育活动的选择和参与。

4. 学生对体育课程内容和方式的满意度可能不尽相同，需要有针对性地改进和优化

有些学生喜欢团体活动，而另一些学生则喜欢个人活动。因此，体育课程应该尽量多样化，以满足不同学生的需求。

另外，体育课程的教学方法也需要灵活地调整。结合学生的兴趣和特点，采用多种教学手段，如游戏化教学、小组合作等，增强学生的参与度和提高学习效率。

二、影响学生体育兴趣培养的主要因素

（一）学生的需求

学生的需求是影响其体育兴趣的主要因素之一。这些需求涵盖了多个方面，包括生理、心理、社交和情感等层面。了解并满足这些需求是培养学生体育兴趣的关键。

首先，学生在生理上有锻炼身体的需求。学生通过体育活动来保持健康的身体素质，增强体能，以应对日常生活和学习的需求。满足这些需求可以帮助学生更好地适应学习压力和生活压力，增强身心健康。

其次，学生在心理上有各种需求。体育活动可以帮助学生释放压力、缓解紧张情绪、提升自信心和自尊心。通过参与体育活动，学生可以感受到体育活动带来的成就感，从而增强对自己的认同感和积极心态。因此，满足学生在心理上的需求可以促进其对体育活动的积极参与和持续兴趣。

再次，学生在社交方面有需求。体育活动为学生提供了与同学互动、合作和竞争的机会，有助于培养其社交能力和团队合作精神。通过参与团体项

目和合作活动，学生可以建立友谊、增进理解，提升沟通技巧，培养良好的人际关系。因此，满足学生在社交上的需求可以增强其对体育活动的兴趣和参与度。

最后，学生在情感方面也有需求。体育活动可以带来快乐、满足和成就感，这有助于提升学生的情感体验和情感认知能力。在体育活动中，学生可以体验到团队合作的乐趣、个人成长的喜悦，从而增强对体育活动的情感投入和认同感。

（二）学生自身的运动技能水平

学生自身的运动技能水平是影响其体育兴趣的另一个重要因素。学生对体育活动的技能水平和能力水平有着直接的感知和体验，这将直接影响其对体育活动的兴趣程度和参与程度。

首先，学生的运动技能水平会影响其对体育活动的信心。如果学生感觉自己在某项运动中技能不足或者表现不佳，可能会导致其降低对该项运动的兴趣，甚至对其产生厌恶心理。相反，如果学生感觉自己在某项运动中技能较高或者有所进步，就会更有动力和兴趣去参与和学习这项运动。

其次，学生的运动技能水平会影响其在体育活动中的体验和感受。如果学生的运动技能水平较低，可能会导致他们在参与体育活动时感到挫败和沮丧，从而影响其对体育活动的兴趣和参与度。相反，如果学生的运动技能水平较高，他们可能会更容易享受体育活动带来的乐趣和成就感，从而增强其对体育活动的兴趣和积极性。

最后，学生的运动技能水平也会影响其对不同运动项目的偏好和选择。一般来说，学生更倾向于选择自己擅长的运动项目，因为他们在这些项目中能够更容易取得成就和有所表现。因此，学生的运动技能水平会直接影响其对不同运动项目的兴趣和喜爱程度。

（三）成功体验的获得

成功体验是指学生在体育活动中获得的成就感和满足感，从而增强其对体育活动的兴趣和参与度。

首先，成功体验可以增强学生的自信心和自豪感。当学生在体育活动中取得一定的成绩或者表现出色时，会增强其自信心和自豪感。这种自信心和自豪感的增强将促使学生更加积极地参与体育活动。

其次，成功体验可以激发学生对体育活动的兴趣和热情。当学生在体育活动中获得成功体验时，会感受到运动的乐趣和快乐，从而增强其对体育活动的喜爱和热情。他们会愿意投入更多的时间和精力去参与体育活动，积极锻炼身体，提高运动水平，从而不断积累更多的成功体验。

再次，成功体验可以促进学生的成长和发展。通过体育活动中的成功体验，学生不仅可以提高运动技能水平，还可以培养团队合作精神、情感管理能力和社交技能等。这些都将有助于学生的全面发展，提升其综合素质和竞争力。

最后，成功体验还可以促进学生对体育活动的持续参与。当学生在体育活动中获得成功体验时，会感受到运动的乐趣和成就感，会更加积极地投入体育活动中，不断挑战自我，追求更高的目标，从而实现个人的成长和进步。

三、培养学生体育兴趣的重要性

（一）兴趣是学生进行体育学习和参与体育活动的动力

1. 兴趣激发了学生的主动性和积极性

当学生对体育活动产生兴趣时，他们会自发地参与体育课程和各种体育活动。这种主动性和积极性促使其更加投入、更加专注于体育学习和训练，从而更容易获得优异的成绩和提升自己的体育水平。

2. 兴趣增强了学生的持久力和耐力

当学生对某项体育活动产生兴趣时，他们往往会乐此不疲地投入其中，不断地进行练习和探索。即使遇到困难或挑战，他们也会因为对活动的兴趣而坚持不懈地克服。这种持久力和耐力有助于其在体育学习和训练中取得更好的效果。

3. 兴趣促进了学生的自我发展和成长

体育活动，不仅可以锻炼学生的身体，还可以培养其团队合作精神、领导能力、自我管理能力等多方面的素质。当学生对某项体育活动产生兴趣时，他们会更加主动地探索和学习相关知识和技能，从而促进自己的全面发展和成长。

4. 兴趣培养了学生对体育的持续关注和投入

当学生对某项体育活动产生兴趣后，他们往往会持续关注和参与相关的比赛、训练等活动，从而不断积累经验，提升水平。这种持续地关注和投入有助于其建立健康的生活方式和良好的体育习惯，对于终身体育素养的培养具有重要意义。

（二）体育兴趣能培养学生的探究学习能力和创新能力

对于热爱体育的学生来说，他们不是被动地参与体育活动，而是主动地探究体育运动的规律和原理。他们会关注自己的运动技能和身体状态，思考如何通过调整动作和训练方法来提升自己的运动表现。这种探索的过程不仅有助于提高学生的运动技能，还培养了其科学探究能力和逻辑思维能力。

在参与团体体育项目时，学生需要与队友协作、互相配合，共同追求团队的胜利。这就要求他们具备良好的沟通能力、团队意识和合作精神。通过体育活动，学生学会了倾听他人、尊重他人的意见，同时也学会了如何有效地与他人合作，这对于其未来的社会交往和职业发展具有重要意义。

此外，体育兴趣培养了学生的创新思维能力和解决问题的能力。在体育活动中，学生常常会面临各种各样的挑战和问题，如如何应对对手的防守、如何改进自己的技术等。这就需要其不断地进行思考和实践，寻找新的解决方案。通过解决这些问题，学生可以培养出创新思维能力和解决问题的能力，这对于他们未来的学习和工作都是非常重要的。

（三）培养体育兴趣可以实现终身体育目标

体育活动不仅是学生阶段的一种课程或兴趣爱好，更是一种终身受益的生活方式。培养学生的体育兴趣，可以让其在成年后也能够保持积极的运动习惯，享受体育带来的乐趣。这对预防疾病、保持健康、提高生活质量都具有重要意义，体现了体育兴趣对个体终身发展的重要性。

四、学校体育课程中兴趣培养的策略与方法

（一）加强对学生体育兴趣的引导和培养

长期以来，在体育教学中，学生对体育学习的兴趣普遍不高，甚至出现了“喜欢体育但不喜欢体育课”的现象，这很大程度上是因为学校教育忽视了学生的运动需求，从而导致学生的体育学习积极性下降。因此，体育教师在教学过程中，应该首先了解学生在体育学习中的需求，进行体育学习目的的教育，让学生明确体育运动的意义。这是提高体育学习兴趣的基础。

同时，要充分尊重学生的运动需求，寻找适合学生的运动内容，激发和培养其体育学习兴趣。这需要体育教师具备丰富的教学经验和敏锐的观察力，能够根据学生的特点和偏好设计多样化的教学内容和教学方法。通过设计有趣、具有挑战性的体育活动，引导学生积极参与，从而让他们产生自发的学习动力，最大限度地发挥主观能动性。

此外，学生运动兴趣的形成并非固定不变的，这与他们的体育认知水平、对体育课的认识以及个人经验有关。因此，体育教师应该善于引导学生，使他们逐渐体验到运动的乐趣，并且促进其对不同运动项目的探索和尝试。有时候，学生对某项运动可能一开始并不感兴趣，但经过学习后，掌握了相关技能，便逐渐培养起对该项运动的兴趣。

因此，在体育教学过程中，体育教师扮演的角色至关重要。他们不仅是教学者，更应该是引导者和激励者。体育教师要及时创新教学方法、丰富教学内容，以及给予学生充分的支持和鼓励，能够有效地培养学生的体育学习兴趣，

促进学生积极参与体育活动，并最终实现学生体育学习兴趣向运动习惯的转变。

（二）设计多样化的体育课程内容

设计多样化的体育课程内容是促进学生体育兴趣培养的重要途径之一。丰富多彩的体育课程内容，可以满足不同学生的兴趣和需求，激发其学习热情，提高体育课的吸引力和趣味性。以下是一些设计多样化体育课程内容的具体建议：

1. 多元化的运动项目

体育课程内容应该涵盖多种运动项目，包括球类运动（如篮球、足球、排球）、田径、游泳、健身操等，以满足学生不同的兴趣和特长。学习不同的运动项目，可以使学生有机会尝试和体验不同的运动，从而激发其学习兴趣。

2. 个性化的活动设置

根据学生的兴趣和特点，设计个性化的活动设置。例如，为喜欢团队合作的学生安排团体项目，为喜欢个人挑战的学生设置个人项目。此外，可以根据学生的特长和需求，开设专项训练班，为其提供更加深入的学习和训练机会。

3. 创新的教学方法

采用创新的教学方法，如游戏化教学、问题解决教学、合作学习等，使体育课程更加生动有趣。组织趣味性的游戏活动、挑战赛和实践操作，激发学生的学习兴趣，增强其参与度和体验感。

4. 文化体育活动的融入

将文化体育活动融入体育课程内容，如中国武术、民族舞蹈、传统体育游戏等，丰富学生的体育体验，增强其对传统文化的认知和理解。通过体验和学习传统文化体育活动，培养学生的文化自信。

5. 实践与理论的结合

在体育课程中，不仅要注重实践训练，还要注重理论知识的传授。通过教学视频、案例分析、讲座等形式，向学生介绍体育知识、规则和技能要领，帮助其理解运动规律，提高运动技能水平。

6. 情感体验的强化

在体育课程中注重情感体验的强化，通过鼓励学生表达情感、分享体验，增强学生对体育活动的情感投入和认同感。可以通过组织体育文化节、体育比赛、体育演出等形式，激发学生的情感体验，促进学生的体育兴趣培养。

总之，设计多样化的体育课程内容是促进学生体育兴趣培养的关键之一。丰富多彩的体育活动、个性化的教学设置、创新的教学方法以及文化体育活动的融入，可以激发学生的学习兴趣，提高体育课程的吸引力和趣味性，从而达到促进学生身心健康发展的目的。

（三）创设丰富多彩的体育教学环境

一个富有活力和创意的教学环境不仅可以吸引学生的注意力，增加学生的参与度，还能够激发学习热情，促进其身心健康的全面发展。

学校应该配备齐全的体育场馆、器材和设备，如田径场、篮球场、足球场、排球场、器械室等，以满足不同项目的体育活动需求。此外，学校还可以设置各种各样的运动器材和道具，如球类、跳绳、平衡器械等，以丰富体育活动的形式和内容。

良好的体育教学环境除物质条件外，还包括良好的师生关系和积极的教育氛围。教师应该与学生建立良好的互动关系，关注学生的成长和发展，给予其充分的关爱和支持。同时，教师还应该为学生树立良好的榜样，鼓励学生树立正确的人生观和价值观，培养其积极向上的人格品质和道德素养。

（四）正确客观地评价学生

学生对自己在体育活动中的表现有着敏感的感知，得到正确客观的评价可以帮助学生更好地认识自己的优势和不足，激发其对体育活动的兴趣和积极性。

正确客观的评价可以帮助学生认识自己的优势和长处，及时、准确地对学生的表现进行肯定和赞扬，可以增强其自信心，从而提高其对体育活动参与的积极性。同时，正确客观的评价也可以帮助学生认识自己的不足，激励其努力克服困难，不断提高自己的技能水平。

正确客观的评价可以促进学生的成长和发展。对学生的表现进行全面、客观地评价，可以帮助学生发现自己的潜力，从而激发其对自身的进步和发展的追求。同时，正确客观的评价也可以为学生提供有效的反馈和指导，帮助其制订合理的学习目标和学习计划，实现个人的成长和进步。

（五）家庭和社会对学生体育兴趣培养的支持与配合

家庭是孩子成长的第一课堂，父母是孩子的第一任老师。如果家庭成员本身具有积极的体育态度和健康的生活方式，他们将成为孩子体育锻炼的榜样和引导者。父母可以鼓励孩子积极参加体育活动，给予其必要的支持和鼓励，创造良好的家庭运动氛围，让孩子从小养成良好的运动习惯和体育兴趣。

社会环境也对学生体育兴趣的培养起着重要作用。学校、社区和社会组织可以组织各种形式的体育活动，为学生提供丰富多彩的体育锻炼机会。同时，社会还可以制定相关政策和法规，推动学校体育教育的改革和发展，促进学生体育兴趣的培养。社会的各种资源和力量都可以为学生的体育兴趣培养提供有力的支持与保障。

第二节　参与度提升策略

一、相关概念界定

（一）体育参与

“参与”是一个动词，表示参加或参与某项活动、事件或过程。参与通常意味着主动参加，而不是被动地存在于一个环境或活动中。在教育领域，参与被认为是个体发展、团体合作以及社会进步的重要组成部分。

体育参与是指个体在体育活动中积极参与并投入自己的身心，涵盖了身体和心理两个方面的内容。这种参与不仅是简单的身体运动，还包括了个体在活动中的态度、情感、认知等心理层面的参与。

从身体方面来看，体育参与包括了个体的实际行动，即参加体育活动的实际行为。这可能涉及参与各种体育项目、运动训练、比赛或其他相关活动，从简单的锻炼到专业的竞技都可以被视为体育参与的一部分。然而，体育参与不仅是身体上的参与，更重要的是心理上的投入和参与。

从心理方面来看，体育参与涉及个体的态度、情感和认知等因素。这包括了个体对体育活动的态度和认知观，即个体对体育活动的重视程度、意义理解以及对其价值的认同。同时，体育参与还涉及个体参与体育活动过程中内心的情感体验，包括了快乐、满足、兴奋等积极情感，也可能包括挫折、焦虑等负面情感。此外，体育参与还包括了个体在参与体育活动过程中所做出的选择，包括参与的项目、时间、地点等，以及参与的动机、态度和受到的影响因素等。

总的来说，体育参与不仅是简单的身体活动，更是一个综合性的概念，涵盖了个体在体育活动中身心的投入和参与。它突出了个体在体育运动过程中的积极性、主动性和全面性，是体育运动得以形成和发展的重要因素之一。

（二）体育参与度

体育参与度是衡量个体或群体在体育活动中参与程度的指标，它反映了个体或群体在体育活动中的活跃程度、投入程度以及对体育活动的认同程度。体育参与度的高低直接影响着个体或群体的身体健康、心理健康以及社会互动等方面。

衡量体育参与度可以从多个角度进行，包括但不限于以下 5 个方面：

1. 参与频率和时长

体育参与度可以通过个体或群体参与体育活动的频率和持续时间来衡量。参与频率指的是个体或群体参与体育活动的次数，参与时长指的是参与活动的时间长度。参与频率和参与时长的增加通常意味着参与度的提高。

2. 参与活动类型

体育参与度也可以根据个体或群体参与的体育活动类型来进行衡量。这包括参与体育课堂、体育课外活动、社区体育活动、竞技比赛等不同类型的活动。参与多样化的体育活动有助于提高学生的参与度。

3. 参与动机和态度

个体或群体参与体育活动的动机和态度也是衡量参与度的重要指标。积极的动机和态度，如对体育活动的热爱、认同感、自我提升等，通常会促进参与度的提高。

4. 参与质量和体验

参与体育活动的质量和体验反映了参与度的高低。这包括参与活动的积极体验、成就感、社交互动等方面。参与度高的个体或群体通常会体验到更多的正面情感和体验。

5. 社会影响和效果

体育参与度还可以通过参与活动对个体或群体社会生活的影响和效果来衡量。例如，参与度高的个体可能会展现出更好的团队合作能力、更积极的社会互动等。

综合考虑以上指标，可以通过问卷调查、观察记录、统计数据等方式对体育参与度进行定量或定性评估。在实际应用中，可以结合不同的衡量方法，综合评估个体或群体的体育参与度，从而为制定相关政策、开展相关活动提供依据和参考。

二、初中生体育参与度的重要性

（一）促进学生身体健康和身心发展

提高初中生体育参与度对于促进其身体健康和身心发展具有重要意义。

1. 提高学生的参与度可以直接促进其身体健康

定期参与体育活动可以增强学生的心肺功能、提高代谢水平，从而降低患心血管疾病、糖尿病等慢性疾病的风险。此外，体育锻炼还可以增强学生的免疫系统，帮助他们更好地应对疾病侵袭。通过参与体育活动，学生还可以培养良好的生活习惯和健康意识，从而提高其整体健康水平。

2. 提高学生的参与度可以促进其身心发展

当学生对体育课程产生兴趣时，他们会更加积极地参与其中，从而在技能和体能方面得到提高。同时，体育活动也是一种很好的释放压力和调节情绪的方式，有助于学生保持身心健康。在体育活动中，学生还可以培养坚韧不拔的精神和顽强的意志，提高自我挑战和克服困难的能力。此外，体育活动还可以培养学生的团队合作能力和领导力，帮助其更好地适应社会生活和工作环境。

3. 提高学生的参与度可以促进其社交交往

体育活动是学生进行社交交往的重要平台。通过参与体育活动，学生可以结识新朋友、建立友谊，学会与他人合作、沟通和协调。这不仅有助于学生建立良好的人际关系，还可以培养其团队意识和社会适应能力，为学生未来的发展奠定良好的基础。

（二）提高学生的学习效率和表现

提高学生的参与度和学习动机对于体育教学中的学习效率和表现具有重要影响：

1. 提供学习平台和实践机会

体育活动为学生提供了学习新知识和技能的平台，同时也为其提供了实践这些知识和技能的机会。通过参与体育活动，学生可以将课堂上学到的理论知识应用到实践中，从而加深对知识的理解和记忆。例如，学生学习篮球运动的规则和技术，在实际比赛中能够更好地运用这些知识和技能，提高自己在比赛中的表现水平。

2. 增强自信心和自我效能感

当学生在体育活动中取得成功时，他们会获得成就感并增强自信心，进而影响他们在其他学科和生活中的表现。体育活动中的成功经历可以增强学生的自我效能感，使其相信自己能够克服困难并取得成功。这种自信心和自我效能感对于提高学生的学习效果和表现具有积极的促进作用。

3. 培养团队合作精神

体育活动通常需要学生之间进行合作与协作，这培养了学生的团队合作精神。在团体项目中，学生需要相互配合、协调动作，共同实现团队的目标。通过参与团体活动，学生学会了倾听他人、尊重他人、团队协作，这些品质也会在其他学科和社会生活中发挥重要作用。

4. 提高学习动力和兴趣

学生对体育活动的兴趣和参与度会直接影响其学习动力。当学生对体育活动产生兴趣时，他们会更加积极地参与其中，从而提高学习效果和表现。通过体育活动，学生可以体验运动带来的快乐和满足感，进而激发其对学习的兴趣，增强学习动力。

三、初中生体育参与度提升策略

（一）改善体育课程设置和提升教学质量

改善体育课程设置和提升教学质量是提高初中生体育参与度的关键一环。首先，学校应该重视体育课程，将其纳入学校课程设置的核心，并为其提供足够的课时和资源支持。这包括确保体育场地设施的完善，提供必要的器材和装备，以及为体育教师提供持续的培训和专业发展机会。其次，针对体育教师的培训和提升至关重要。学校可以组织针对体育教师的专业培训课程，包括教学方法、课程设计、学生管理等方面的培训内容。同时，鼓励体育教师积极参与专业交流和研讨活动，借鉴他人成功的经验和教学方法，不断提升自身的教学水平和创新能力。在教学实践中，体育教师应该注重课程的多样性和趣味性，设计富有创意和挑战性的体育活动，以激发学生的兴趣。可以通过引入新颖的游戏和运动项目，结合音乐、视觉效果等元素的方式，打破传统的教学模式，提高学生的参与热情和动力。

此外，体育课程应该注重学生的个性化和差异化需求。体育教师需要了解每名学生的体育水平、兴趣爱好和特长，针对不同学生的特点进行个性化教学，使每名学生都能在体育课程中找到自己的乐趣和价值所在。

（二）丰富大课间体育活动内容

为丰富大课间体育活动内容，学校和教师需要精心设计各种各样具有吸引力的活动，以满足不同学生的兴趣和需求。以下是一些具体的举措和策略：

1. 多样化运动项目

在大课间体育活动中引入多样化的运动项目，如篮球、足球、羽毛球、乒乓球、跳绳等，让学生有更多选择和参与的机会。

2. 团队合作活动

引入团队合作的体育活动，如拔河、接力赛、集体操等，可以培养学生的团队合作精神和集体荣誉感，激发其参与热情。

3. 创意性活动设计

设计一些创意性的体育活动，如趣味运动会、校园健身舞蹈等，结合音乐、舞蹈等元素，增加活动的趣味性和娱乐性，充分调动学生参与活动的积极性。例如，在社交媒体上经常可以看到，一些少数民族地区的学校将民族舞蹈引入大课间活动，提高了课间活动的趣味性和增强了吸引力，得到了学生的一致好评。

4. 体育技能培训

在大课间体育活动中开设一些体育技能培训课程，如篮球基础技能培训、跆拳道入门课程等，让对某项运动感兴趣的学生有机会学习和提升相关技能。

5. 体育游戏和挑战

设计一些有趣的体育游戏和挑战，如障碍跑、倒立比赛、绳索攀爬等，增加活动的趣味性和挑战性。

同时，加强对学生体育意识和锻炼方法的培养也是提高大课间体育活动参与度的重要举措。通过开展健康教育课程、体育知识宣传等活动，提高学生对体育锻炼的重视和认识，引导其养成良好的运动习惯和生活方式。

（三）改革校内运动会和体育竞赛模式

改革校内运动会和体育竞赛模式是提高学生体育参与度的重要举措之一。传统的运动会和体育竞赛往往以少数体育项目为主，而且多为竞技性较强的项目，这使得一些学生可能因为技能不足或兴趣不合而感到排斥或被边缘化。因此，这就需要采取更加灵活和多样化的形式。首先，应该在项目上进行多样化设置，除传统项目外，增加一些大众体育项目，如健身操、跳绳比赛等，以满足不同学生的兴趣和需求。其次，个性化比赛安排也十分重要，可以设置不同年级、不同能力水平的组别，让学生根据自己的情况选择参与的项目和组别，避免一刀切的安排，增加比赛的灵活性和吸引力。再次，团队合作也是关键，通过增加团队项目，如接力赛、团体健身操比赛等，可以培养学生的团队精神和协作能力，促进学生之间的交流和互动。在比赛过程中，应该注重学生的体验和参与感受，不仅追求比赛成绩，更要关注学生的运动乐趣和快乐。最后，建立综合评价和奖励机制，不仅要考虑比赛成绩，还应综合评价学生的参与度、表现和精神风貌等因素，给予适当的奖励和表彰，激励更多学生积极参与到体育竞赛中来。这些改革措施，可以使校内运动会和体育竞赛更加多样化、灵活化，更好地满足学生的需求和兴趣，提高学生体育参与度和投入度，促进学生身心健康和全面发展。

（四）拓展体育课外活动渠道

在学生课余时间，除学业压力外，他们也应该有机会参与到各种体育活动中，以促进其身心健康和全面发展。首先，学校可以与社区体育俱乐部等合作，共同举办体育训练营、比赛活动等，为学生提供更多选择的机会。这样的合作可以丰富学生的体育课外活动内容，让他们接触到更多种类的体育运动，激发其兴趣和热情。其次，可以通过开设校内体育社团或俱乐部的形式，为学生提供更多自主参与的机会。这些社团可以涵盖各种体育项目，如篮球、足球、羽毛球、游泳等，让学生根据自己的兴趣和特长进行选择，自由参与。此外，学校还可以积极开展各类体育活动和比赛，如校际比赛、友谊赛等，为学生提供展示自己的舞台，增强其参与意识和归属感。以上方式不仅可以拓展学生参与体育课外活动的渠道和途径，还可以让更多学生有机会参与到体育运动中，享受运动带来的乐趣，提高体育参与度和投入度。

（五）加强家校合作和宣传教育

加强家校合作和宣传教育是提高学生体育参与度的重要策略。家庭是学生身心健康的重要支撑，因此，需要引导家长充分认识体育活动对学生的重要性，并积极支持学校的体育教育工作。首先，学校可以举办家长会、家庭运动日等活动，与家长进行面对面的交流和沟通，向其介绍学校的体育教育理念、课程设置和活动安排，以及体育活动对学生身心健康的益处。其次，可以通过家校通讯、家长微信群等渠道，定期向家长传递体育活动的信息和重要性，鼓励家长关注和支持学生的体育锻炼。再次，还可以邀请家长参与到体育活动中，如组织家长参加学校体育比赛的观摩或志愿者活动，让其亲身感受到体育活动的魅力和重要性。最后，学校还可以通过家长会、家庭作业等方式，鼓励家长陪伴孩子一起参与体育活动，培养孩子的健康生活习惯和积极参与的意识。加强家校合作和宣传教育，可以提高家长对体育活动的认知程度和重视程度，增强家长的参与度和支持度，从而提升学生的体育参与度和投入度。

第七章　初中体育教学中的问题与挑战

第一节　教育资源不足

一、教育资源短缺的现状分析

初中体育教学资源的现状在不同地区、不同学校间存在着一定的差异，但普遍来说，存在着一系列共性问题。

首先，初中体育教学的场地设施是体育教学资源不足的关键一环。许多学校的体育场地面积有限，操场不够宽广，或者因为地理条件的限制，缺乏适宜的体育场地。这导致了上体育课时活动受限，很难进行某些需要大面积场地的项目，如足球、田径等。更为严重的是，一些学校甚至没有专门的体育场地，只能在教室或其他临时场地进行体育教学活动，这对于学生的体育锻炼和技能提升是一个极大的障碍。

其次，体育教学资源的不足还表现在器材设备的匮乏。由于经费限制和管理不善等原因，许多学校的体育器材设备更新缓慢，存在老化、损坏等问题，学生只能使用残缺不全的器材进行体育活动，这不仅影响了学生体育锻炼的效果，还降低了教学质量。例如，篮球、足球、排球等常用器材可能破损严重，甚至没有足够的数量供学生使用，这使得教学无法正常开展，学生也无法得到充分的锻炼。

再次，教师队伍的素质和数量也是体育教学资源不足的一个方面。一些学校缺乏高水平的体育教师，或者体育教师数量不足，这导致了教学质量参差不齐，学生的体育技能和兴趣水平无法得到有效提升。有些地区甚至存在体育教师数量严重不足的情况，一位体育教师可能需要同时负责多个班级的体育教学，这不仅增加了教师的工作负担，也影响了教学质量。

综上所述，初中体育教学资源普遍存在着场地设施不足、器材设备匮乏以及教师队伍人才短缺等问题，这些问题严重影响了体育教学的质量和效果。要解决这些问题，需要加大对体育教育的投入，提高教育资源的配置效率，以及加强对体育教师的培训和支持，从而推动初中体育教学资源的全面提升。

二、初中教育资源不足的原因分析

教育资源配置不均衡是导致初中教育资源不足的重要原因之一，其背景和原因主要包括以下 5 个方面：

1. 地区经济发展差异

不同地区的经济发展水平存在较大差异，导致了教育资源的分配不均衡。一些发达地区由于拥有更多的财政支持和资金投入，能够提供更好的教育资源，而贫困地区由于经济条件限制，教育资源相对匮乏。

2. 城乡差异

城市和农村地区的教育资源配置存在明显的差异。城市地区的教育资源相对丰富，拥有更好的学校设施、师资力量和教育科研机构；农村地区的教育资源相对匮乏，学校条件较差，教师队伍素质不高，教学设备落后。

3. 政府投入不足

一些地区政府对教育的投入不够，导致教育资源配置不均衡。由于财政预算有限，教育经费被压缩，出现了学校设施更新缓慢、教师待遇低下等问题，进而影响了教育质量和教学效果。

4. 人口流动和集中

人口流动和集中也是造成教育资源配置不均衡的重要原因之一。一些人口密集的地区，由于学生数量较多，学校设施和教师资源难以满足其需求，导致了教育资源的紧张局面；而一些人口稀少的地区，由于学生数量较少，学校可能面临关闭或合并的风险，教育资源也相对匮乏。

5. 政策落实不到位

尽管国家制定了一系列教育发展政策，但在一些地区，这些政策的落实并不到位。一些地方政府对教育资源的投入和分配存在着偏差，导致了教育资源配置的不均衡。

综上所述，教育资源配置不均衡是初中教育资源不足的重要原因之一，其背后存在多种因素。要解决初中教育资源不足的问题，需要加大政府投入力度，加强教育资源的统筹规划和合理配置，促进教育资源的均衡发展。

三、初中教育资源的开发与利用

（一）体育设施资源的开发与利用

1. 增加现有场地的利用率

增加现有场地的利用率是提高体育设施资源利用效率的重要举措。首先，学校可以灵活安排课程时间和地点，充分利用现有的体育场地。例如，在课间时间或者晚自习时间安排体育课程，以充分利用场地资源，缓解课间体育活动的压力。其次，加强对现有体育设施的维护和管理是提高场地利用率的关键。定期进行场地的清理、修缮和保养，及时处理设施的故障，不仅可以保证场地的良好状态，还可以提高场地的可用性和利用率。再次，组织多样化的体育活动也是提高利用率的重要手段。学校可以组织丰富多样的体育活动，如校际比赛、体育文化节等，吸引学生积极参与，充分利用体育场地。最后，学校可以与社区、企业等外部机构合作，共享体育场地资源，开展校内外联动的体育活动。通过建立健全的场地共享机制和管理制度，实现资源优势互补，提高场地的利用率和效益。综上所述，通过灵活安排课程、加强设施维护和管理、组织多样化体育活动、推行校内外联动以及加强场地共享管理等手段，可以有效提高现有场地的利用率，充分发挥体育设施资源的作用，促进学生身心健康全面发展。

2. 校外自然环境的开发与利用

学校周边的自然环境包括公园、广场、绿化带、道路、空地，以及森林、山地、田野、沟渠、江河、沙滩等，这些地方都可以成为丰富多彩的体育活动场所。在保证安全的前提下，学校可以巧妙利用这些环境资源，丰富体育教学内容和学生的体育活动体验。

例如，公园可以用于开展定向运动，增强学生的体能和方向感；郊野和山地则适合进行远足活动，让学生亲近大自然，增强体能锻炼；利用山坡设计斜坡跑道，可以进行坡度训练和滑坡等活动，提高学生的体能水平和冒险精神；沙地可以进行沙滩排球和足球等活动，丰富了体育活动的形式和内容；根据不同季节的特点，举行春游活动、夏季游泳活动、秋季登山和越野跑、冬季滑冰和滑雪等活动，让学生全方位地体验不同季节的户外运动乐趣。

（二）体育器材的开发与利用

创新利用现有的器材，或者自制替代器材，可以有效地满足学生的体育锻炼和教学需求。具体可从以下 3 个方面入手：

1. 一物多用

例如，跳绳不仅可以用于跳绳训练，还可以进行绳操、绳球、两人三足等多种活动。这种多功能性的器材利用方式不仅节约了资源，还丰富了体育活动的形式和内容，提高了学生的参与度。

2. 利用生活物品和废旧物品作为器材替代物

废物利用是一种经济实惠、简便易行的方式。例如，使用塑料瓶或者废纸板制作临时的障碍物，用废旧轮胎作为投掷目标，用塑料瓶或者罐子作为临时的击球目标等。这些自制的器材虽然简单，但能够满足学生的基本锻炼需求，提高了器材的利用率。

3. 通过自制体育器材来弥补器材不足的问题

例如，如果学校没有乒乓球桌，可以利用水泥砖头砌成一个简易的乒乓球桌；如果学校没有篮球架，可以用铁管和网子自制篮球架；如果学校没有足球，可以用布条编织成足球；等等。这种自制器材的方式不仅能够满足学生的体育锻炼需求，还能够培养学生的动手能力和创造力。

（三）教师资源的开发与利用

首先，加强本校体育教师队伍建设是提高教师资源利用效率的关键。学校要加强体育教师的培训和进修，提高其专业水平和教学技能。培养具有较高教学水平和丰富教学经验的体育教师，不仅能够提升教学质量，还可以帮助其他教师提高教学水平，形成良好的师资队伍。

其次，学校可以积极吸引有体育运动专长的家长参与体育教学和体育活动，如组织家长志愿者团队，协助体育教师进行体育课程辅导、组织体育比赛、指导体育训练等工作。家长的参与不仅能够为学生提供更多体育锻炼的机会，还能够促进学校与家庭的密切联系，增强家校合作的力量。

最后，还可以聘请校外专家来支持体育教学和体育活动。校外专家通常具有丰富的专业知识和经验，可以为学校提供专业的指导和支持，如组织专题讲座、举办专项培训、提供专业咨询等。通过与校外专家的合作，学校可以引入先进的教学理念和教学方法，提升体育教学水平。

四、对初中教育资源不足的建议

（一）政府层面：加大对教育事业的投入力度，提高教育资源配置比例

初中教育资源的不足是当前教育领域面临的一个普遍问题，而解决这一问题需要全社会的关注和努力，尤其需要政府部门加大对教育事业的投入力度，提高教育资源的配置比例。可以从以下几个方面入手：

首先，政府应当加大对教育事业的财政投入力度。教育是国家发展的基础，也是社会进步的动力，因此政府应当将教育事业作为优先发展领域，加大财政投入力度。政府可以通过增加教育经费预算、调整财政支出结构、加强对教育基础设施建设的投入等方式，提高教育资源的配置比例，保障学校的基本运行和发展需求。

其次，政府可以采取措施加大对贫困地区和薄弱学校的教育投入力度。

贫困地区和薄弱学校往往面临教育资源严重不足的问题，政府可以通过制定差别化的教育政策、增加对贫困地区和薄弱学校的财政拨款、优先支持贫困地区和学校的教育事业发展等方式，帮助其解决教育资源不足的问题，缩小地区和学校之间的教育差距。

再次，政府可以加强对教育设施和教育资源的统筹规划和合理配置。在教育资源有限的情况下，政府可以通过统筹规划和合理配置，最大限度地发挥教育资源的效益。政府可以结合地区特点和学校实际情况，科学规划教育设施建设项目，优先满足学生的基本教育需求，合理配置各类教育资源，提高资源的利用效率。

最后，政府还可以鼓励社会力量参与教育事业，共同承担教育资源的建设和管理责任。政府可以通过制定相关政策和法规，鼓励企业、社会组织、公益机构等社会力量参与教育事业，共同承担教育资源的建设、管理和运营责任，为学校提供更多的教育资源支持，促进教育资源的共享和优化配置。

（二）学校层面：探索多元化的教育资源获取途径，积极寻求外部支持与合作

学校可以探索多元化的教育资源获取途径，积极寻求外部支持与合作来缓解初中教育资源不足的问题。以下是具体的建议和措施：

首先，学校可以与当地政府、企业、社会组织等建立良好的合作关系，积极争取外部资源支持。学校可以与政府相关部门合作，争取专项教育经费和项目资助，用于购置教学设备、改善教学条件。同时，可以与企业、社会组织开展合作，争取捐赠或赞助，用于学校体育设施建设、教学资源采购等方面。

其次，学校可以开展校际合作与资源共享。与其他学校建立紧密的合作关系，共享教学资源、设施设备、师资力量等，可以在一定程度上解决资源短缺问题。通过校际交流与合作，可以互相学习借鉴，提高教学质量，拓展学生的学习空间和发展渠道。

再次，学校可以积极发展校园文化和体育文化，吸引外部资源和社会力

量的支持。举办校园文化活动、体育比赛、学术竞赛等活动，增强学校的知名度和影响力，吸引企业、社会组织等参与支持学校的教育事业。

最后，学校还可以加强与教育培训机构、科研机构等的合作与交流，共同探讨教育教学改革的路径与方向，促进教育资源的优化配置与利用。

（三）教师层面：转变观念，提高自身专业水平

在应对初中教育资源不足的问题上，教师层面的建议是至关重要的。教师是教育资源的核心，其观念的转变和专业水平的提升对于缓解教育资源不足问题至关重要。以下是针对教师层面的建议：

首先，教师需要转变观念。过去，教师主要扮演着传授知识的角色，而如今，教师需要更多地参与课程设计、教学方法选择以及学生评估等方面。因此，教师需要意识到这种角色转变的重要性，并积极适应这一变化。教师应该从“知识传授者”转变为“学习引导者”，注重培养学生的创造力、思维能力和解决问题的能力，而不仅仅是传授知识。

其次，教师需要不断提高自身的专业水平。这包括不断学习新的教学理论、教学方法和教育技术，不断提升自己的学科知识和教育教学能力。教师可以通过参加培训、研讨会、研究课题等方式，不断提高自己的专业水平，为学生提供更好的教育服务。

再次，教师还应该注重自身素质和能力的全面发展。教师应该努力提高自己的沟通能力、团队合作能力、问题解决能力等，这样才能更好地应对日常的教学工作和各种挑战。

最后，教师应该积极参与学校和社区的教育改革和发展。教师可以参与学校的课程设计、教学评估、教学研究等工作，为学校的教育事业贡献自己的力量。同时，教师还可以积极参与社区的教育活动、家长会等，加强与学生家长和社会各界的沟通与合作，共同推动教育事业的发展。

第二节　学生身体素质下降

一、身体素质概述

（一）身体素质的定义

身体素质是指一个人身体健康状况和大脑机能状况的综合反映，是人体在运动、劳动和生活中所表现出来的力量、速度、耐力、灵敏度和柔韧性等机能能力。它包括了身体的发育程度、体质的强弱、生命的长短、智力的状态以及身体机能的各种表现。简言之，身体素质不仅是人体运动的机能能力，还是人体劳动和生活的机能能力。

在日常生活中，我们常常把身体素质理解为人体肌肉活动的基本能力，即人体各器官系统的机能在肌肉工作中的综合反映。这包括力量、速度、耐力、灵敏度和柔韧性等方面。身体素质的好坏不仅与遗传有关，更与后天的营养和体育锻炼密切相关。通过正确的方法和适当的锻炼，人们可以从各个方面提高自己的身体素质水平。

因此，身体素质的下降不仅意味着人们的健康水平下降，还可能意味着人们在运动、劳动和生活中所表现出来的机能能力的减弱。这对个人的生活质量、工作效率以及社会的整体健康状况都会产生一定的影响。

（二）身体素质的内容

1. 速度

速度是指一个人在单位时间内所完成的运动距离，通常以米 / 秒或千米 / 小时为单位。速度是身体素质中的重要组成部分之一，它直接关系到一个人在运动中的反应能力和敏捷度。在体育活动中，良好的速度表现可以帮助运动员更快地到达目标地点，赢得比赛。在日常生活中，较快的速度也有助于提高个人的工作效率和生活质量。

2. 力量

力量是指一个人在单位时间内所施加的力量大小，通常以千克或磅为单位。在体育锻炼中，力量是进行各种运动和动作的基础，包括举重、投掷、推拉等。良好的力量素质可以帮助人们更好地完成各种体育活动，提高运动表现。此外，力量还与身体的健康状况密切相关，良好的肌肉力量可以预防骨骼和关节的损伤，保持身体的稳定和健康。

3. 柔韧

柔韧是指一个人关节和肌肉组织的伸展程度，通常以关节的活动范围和肌肉的伸展度来衡量。良好的柔韧性可以帮助人们更好地完成各种运动和动作，减少运动中的受伤风险。此外，良好的柔韧性还可以改善错误的运动姿势，缓解肌肉紧张和疲劳，提高身体的舒适度和灵活性。

4. 耐力

耐力是指一个人在长时间内保持运动的能力，通常以持续运动的时间和强度来衡量。良好的耐力素质可以帮助人们在运动中保持持久的力量和速度，延长运动时间，提高运动效率。在日常生活中，良好的耐力还可以帮助人们更好地应对各种长时间的工作和活动，减少疲劳和不适感。

5. 灵敏

灵敏是指一个人在运动中快速、准确地做出反应的能力，通常以反应时间和准确性来衡量。良好的灵敏素质可以帮助人们更好地应对各种复杂和变化的运动环境，提高运动表现和竞技水平。在日常生活中，良好的灵敏性还可以帮助人们更好地应对各种突发事件和危险情况，保护自己的安全和健康。

综上所述，速度、力量、柔韧、耐力和灵敏是构成身体素质的重要方面，它们相互关联、相互影响，共同决定了一个人的运动能力和身体健康状况。因此，在进行体育锻炼时，应该重视并全面发展这些身体素质，以保持良好的身体健康和运动能力。

二、初中生身体素质现状及原因分析

（一）肺功能总体水平较低

初中生身体素质现状是一个备受关注的问题，其中肺功能作为身体素质的重要指标之一，其总体水平较低的情况引起了社会广泛关注。通过对初中生身体素质的调查和研究，可以发现以下问题：

根据最近的调查数据显示，大多数初中生的肺功能水平普遍较低。在一项针对某市 1 000 名初中生的调查中发现，超过 60% 的学生的肺功能测试结果处于不及格或亚健康状态。其中，有近 30% 的学生呈现明显的肺活量下降状态，40% 以上的学生肺活量仅达到正常水平的 70% 至 80%。这表明了初中生整体肺功能处于不理想状态。

造成初中生肺功能水平较低的原因有多方面，首先是缺乏适当的体育锻炼。随着社会发展和科技进步，现代生活节奏加快，学生课业负担加重，导致了课余时间不足以进行充分的体育锻炼。缺乏运动会导致肺部的气体交换能力下降，影响了肺功能的发育和提高。

此外，不良的生活习惯也是导致初中生肺功能下降的重要因素之一。大量学生沉迷于电子产品和网络，长时间坐姿不动，缺乏户外活动，导致了其呼吸系统的运动量减少，肺功能得不到有效的锻炼和提高。另外，不良的饮食习惯和环境污染等因素也会对肺功能产生不良影响。

面对初中生肺功能普遍较低的现状，应采取一系列措施加以改善。首先，学校应加强体育锻炼，合理安排课间操和体育课程，鼓励学生积极参与体育活动，提高肺功能。其次，家长应引导孩子养成良好的生活习惯，限制电子产品的使用时间，鼓励户外活动，保证孩子充足的睡眠和均衡的饮食，促进其肺功能的健康发育。最后，社会各界应共同努力，加强环境保护工作，减少污染源，为学生提供清洁、健康的生活环境。

（二）超重和肥胖现象严重

超重和肥胖问题在初中生中日益严重，这已经成为一个全球性的健康挑战。根据调查数据显示，超重和肥胖的现象在初中生中普遍存在，其主要原因包括不良的饮食习惯、缺乏运动和体育锻炼、生活方式不健康等。

不良的饮食习惯是导致初中生超重和肥胖问题的重要原因之一。现代社会的快餐文化和高糖高脂食物的普及，导致许多初中生过度依赖高能量密度的食物，如炸鸡、汉堡包、薯条等，缺乏新鲜蔬菜水果和均衡的营养摄入。

缺乏运动和体育锻炼是初中生超重和肥胖问题的另一个重要原因。随着社会的发展和科技的进步，初中生更倾向沉迷电子产品和网络游戏，长时间的久坐不动成为常态，缺乏体育锻炼和运动。

另外，生活方式的不健康也是导致初中生超重和肥胖问题的原因之一。许多初中生熬夜、作息不规律、缺乏睡眠，这些不良的生活习惯会影响体内激素的分泌和新陈代谢，从而导致体重增加。

超重和肥胖对初中生的身心健康产生了不良影响。超重和肥胖容易引发各种慢性疾病，如高血压、糖尿病、心脏病等，严重影响其身体健康。超重和肥胖还会影响初中生的心理健康，导致自尊心低下、自信心不足、社交障碍等问题，甚至引发抑郁症和焦虑症等心理问题。

因此，针对初中生超重和肥胖问题，应采取综合措施加以解决。首先，加强健康教育，提高学生对健康饮食和运动锻炼的认识，树立正确的饮食观念和生活方式。其次，增加学校体育课程和体育活动，延长学生的体育锻炼时间，提高身体素质和运动能力。此外，还需加强家庭和社会的监督和支持，共同关注和解决初中生超重和肥胖问题，促进其身心健康发展。

（三）速度、力量素质增长不明显

在初中生中，速度和力量素质增长不明显是一个显著的问题。速度和力量素质的提升是体育锻炼的重要目标之一，然而在实际情况中，很多初中生的速度和力量素质增长缓慢，甚至出现停滞不前的情况。

缺乏科学合理的训练方法和计划是导致初中生速度和力量素质增长不明显的主要原因之一。许多学校的体育课程缺乏针对性和系统性的训练内容，导致学生在体育锻炼中无法有效地提升速度和力量素质。另外，部分学校的体育教师专业水平不高，缺乏对速度和力量训练的科学指导，这也影响了学生的训练效果。

学生自身缺乏主动参与的积极性也是影响速度和力量素质增长的因素之一。在课堂上，一些学生可能缺乏兴趣和动力，对体育锻炼缺乏积极性，导致训练效果不佳；另一些学生可能由于担心失败或受到其他因素的影响而缺乏自信心，导致其在训练中表现消极，影响了速度和力量素质的提升。

另外，家庭和社会环境的影响也可能导致初中生速度和力量素质增长不明显。一些家庭对体育锻炼和运动缺乏足够的重视，没有支持孩子，导致孩子没有参与体育锻炼的动力。社会环境中的诸多因素，如学习压力、社交需求等，也可能影响到学生参与体育锻炼的积极性和效果。

针对初中生速度和力量素质增长不明显的问题，可以采取以下措施加以解决。首先，加强体育课程内容的设计和教学方法的改进，提高学生对速度和力量训练的兴趣和参与度。其次，加强体育教师队伍的培训和提升专业水平，提高其对速度和力量训练的科学指导能力。最后，加大家庭和社会的支持和鼓励，营造良好的体育锻炼氛围，促进学生身体素质的提升。

（四）耐力素质低下

近年来的调查数据显示，初中生的耐力素质普遍呈下降趋势，这一现象已经成为引起社会广泛关注的健康问题。据地区的体质测试数据显示，大部分初中生的耐力指标未达到预期水平，超过一半的学生甚至处于较低水平。国家体质健康标准要求学校要进行长跑测试，然而，在实施长跑测试时发现有相当比例的学生无法达到基本要求，甚至有学生中途放弃。在笔者所在学校的耐力测试中，不到 30% 的学生能够达到预期标准，超过 70% 的学生在长跑等耐力项目上表现不佳。体育课学生参与课外活动的积极性普遍不高，许多学生对于需要耐力的运动项目持消极态度，如长跑、游泳等。这些数据明显反映出初中生的耐力素质下降情况普遍存在，造成这一现象的原因多种多样：

首先，现代生活方式对初中生的耐力素质产生了不利影响。随着科技的发展和生活水平的不断提高，很多初中生更倾向于宅在家里，长时间使用电子产品，缺乏户外活动和运动锻炼。这种久坐不动的生活方式使得其身体逐渐失去了对长时间运动的适应能力，耐力素质因此逐渐下降。另外，缺乏规律的体育锻炼也是导致初中生耐力素质低下的原因之一。尽管学校开设了体育课程，但很多学生在课余时间缺乏自发进行体育锻炼的意愿和动力。频繁的间断性运动或缺乏持续性的锻炼方式，难以有效提高其耐力水平。

不合理的饮食习惯也会影响初中生的耐力素质。过多的高糖高脂食物和缺乏均衡营养的饮食，导致学生体重增加和体脂含量升高，严重影响心脏和肺部的健康，进而减低了其耐力素质。

心理压力也是导致初中生耐力素质低下的因素之一。学习压力、社交压力等因素可能导致学生的心理负担加重，缺乏参与体育锻炼的积极性，进而影响了其耐力素质。

针对初中生耐力素质低下的问题，应采取综合性的措施。首先，丰富学校体育课程的内容和教学方法，提高学生对体育锻炼的兴趣和积极性。其次，加强学生和家长的健康教育，推动形成良好的生活方式和饮食习惯。最后，鼓励学生参与各种体育活动，增加其体育锻炼量，提高耐力素质水平。这些努力可以逐步改善初中生的耐力素质，促进其身心健康发展。

初中阶段是九年义务教育的最后阶段，此时学生的身体素质和体育习惯的养成对于其未来的健康发展至关重要。根据《全民健身计划纲要》，青少年儿童是重点实施对象，而初中生正处于这一重要时期。在这个阶段，学生的生长发育处于旺盛阶段，因此，科学的体育教育可以增强学生的体育意识，培养其体育能力，同时养成良好的体育锻炼习惯。这样的做法将为学生终身体育锻炼奠定坚实的基础，对于他们的身心健康和全面发展具有重要意义。因此，学校、家庭和社会应该共同努力，为初中生提供科学的体育教育和锻炼环境，引导学生养成积极健康的生活方式，促进其健康成长。

三、身体素质锻炼对初中生的影响

身体素质，作为评价个体身体健康和运动能力的重要标准，体现了人体各器官系统的机能水平。在日常生活中，身体素质与个体的健康水平和工作能力密切相关。因此，身体素质锻炼对初中生具有非常重要的积极作用。

第一，身体素质锻炼是初中生学习生活中不可或缺的基本活动。初中生身体素质的强弱直接影响他们的学习、生活以及体育锻炼等方面。良好的身体素质是学生健康成长的重要保障。

第二，身体素质锻炼有利于提高初中生掌握基本运动技术的能力。力量、速度、耐力、柔韧和灵敏等身体素质的发展水平直接影响着学生对基本运动技术的掌握和运动成绩的提高。良好的身体素质是学生在体育活动中取得优异成绩的重要保障，为其在体育运动中更好地表现提供了有力支持。

第三，身体素质锻炼有助于初中生承受大负荷的训练和提高体育考核成绩。体育考核对学生的身体素质水平有着明确的要求，学生要达到国家学生体质健康标准。加强身体素质锻炼，可以提高学生的身体素质水平，为其更好地接受大负荷的运动训练和提高体育考核成绩提供帮助。

第四，良好的身体素质有利于初中生在学习和生活中保持稳定、良好的心理状态。身体素质的提高可以增强学生的自信心和自尊心，培养积极乐观的心态，有助于其更好地应对学习和生活中的各种挑战和压力，从而保持良好的心理健康状态。

第五，身体素质锻炼可以预防疾病，提高学生的免疫力。良好的身体素质可以增强学生的身体健康水平，提高其抵抗疾病的能力，减少患病的风险，从而保障学生的学习和生活质量。

第六，身体素质锻炼有助于培养学生终身体育意识，为体育事业提供后备人才。身体素质锻炼还可以培养学生良好的锻炼习惯，促进终身体育意识的形成，为国家培养和输送运动技术人才。

四、利用体育锻炼提高初中生身体素质时需要注意的问题

（一）充分发挥学生的主观能动性

体育锻炼的效果很大程度上取决于学生自身的积极性和主动性。主动参

与体育锻炼的学生更容易在锻炼过程中获得良好的锻炼效果，有效地提高身体素质水平。

运动实践证明，学生在体育锻炼中的主动参与可以使其心理状态、神经系统、内脏系统和肌肉系统等处于适宜的良性状态。这种状态有助于学生更好地适应和承受较大负荷的训练强度，从而有效地改善各器官系统的功能。相比之下，被动参与体育锻炼的学生可能会导致各系统处于非良性状态，从而影响锻炼效果。

因此，在进行初中生的体育锻炼时，需要积极调动其练习主动性。这可以通过以下几个方面来实现：

首先，激发学生的兴趣。体育活动应该具有吸引力和趣味性，让学生乐于参与其中。通过设计丰富多彩、富有挑战性的体育课程和活动，引导学生积极投入到锻炼中。其次，注重个性化。不同学生的兴趣、能力和身体状况各不相同，因此，在体育锻炼中需要考虑到学生的个性化需求，给予其更多的选择权和自主权，让他们能够按照自己的意愿和能力参与锻炼。再次，要营造良好的锻炼氛围。学校和教师可以通过积极的引导和激励，营造出积极向上、互帮互助的体育锻炼氛围，让学生在团队合作和竞争中感受到锻炼的乐趣和成就感。最后，强调目标导向。在体育锻炼过程中，明确锻炼的目标和意义，让学生认识到锻炼对身体素质的重要性，并建立起长期锻炼的信心和决心，从而激发他们的自我驱动力和主动性。

（二）注意身体素质的全面发展

在初中阶段，学生的身体素质和运动技能的培养是非常重要的。为了确保学生能够在体育锻炼中得到全面的发展，需要注意以下几个方面：

首先，注重身体素质的多方面发展。初中生的身体素质包括力量、速度、耐力、柔韧和灵敏等多个方面。在体育锻炼中，应该设计多样化的活动和训练项目，确保学生在各个方面都能得到充分的发展，而不是片面追求某一方面的提高。

其次，合理安排训练内容和方法。针对不同的身体素质特点和发展需求，设计科学合理的训练内容和方法。例如，在力量训练方面可以进行举重、引体向上等项目；在速度训练方面可以进行短跑、跳远等项目；在耐力训练方面可以进行长跑、游泳等项目；在柔韧训练方面可以进行拉伸、瑜伽等活动；在灵敏训练方面可以进行敏捷性训练、灵敏性比赛等。

再次，关注整体性发展。除了单项素质的训练外，还要注重整体身体素质的协调发展。通过综合性的训练项目和活动，促进学生各项身体素质的协调提高。

最后，注意个体差异和因材施教。每名学生的身体素质特点和发展水平都不同，因此在进行体育锻炼时要注意个体差异，根据学生的实际情况进行因材施教，量体裁衣地设计训练方案，确保每名学生都能够得到适度的锻炼和发展。

（三）加强体育锻炼的安全性和计划性

加强体育锻炼的安全性和计划性对提高初中生的身体素质至关重要。在进行体育锻炼时，需要注意以下几个方面：

1. 制订合理的锻炼计划

体育锻炼应该有系统的安排和计划，以确保学生在长期的锻炼过程中逐步提高身体素质。锻炼计划应考虑学生的年龄、性别、身体状况和锻炼目标，合理安排不同类型和强度的训练内容，逐步增加运动量和训练强度。

2. 注意锻炼的逐步性和循序渐进性

体育锻炼应该从小到大、由易到难，循序渐进地进行。锻炼幅度、动作、频率都应该逐步增加，避免因突然大幅度的运动或过度的负荷造成身体的损伤或不适。

3. 重视安全措施和预防措施

在进行力量、柔韧等训练时，应该充分做好准备活动，包括热身运动和伸展活动，以预防运动伤害的发生。负重训练时，要选择适当的重量，并避免用力过猛，以免引起肌肉或关节的损伤。同时，学生在锻炼时应注意自身的感觉，出现不适时应该及时停止并向教练或教师报告。

4. 做好锻炼后的放松活动

锻炼后的放松活动能够有效减轻肌肉的紧张和疲劳，促进身体的恢复和修复。因此，在锻炼结束后应该进行适当的放松活动，包括拉伸运动、舒展活动等，帮助身体恢复到正常状态。

第三节　教学模式单一

一、体育教学模式概述

（一）体育教学模式概念的界定

体育教学模式可以被理解为在一定的体育教学思想或理论指导下，设计和实施的一种教学活动模型或框架。这个模型涵盖了教学思想、教学目标、操作程序、师生关系以及教学条件等多个方面。不同的定义在强调的方面有所不同，但都凸显了体育教学模式的重要性和复杂性。

首先，体育教学模式是基于一定的教学思想或教学理论设计的。这意味着教学模式不仅是简单的教学方法，还根植于理论框架之中，体现着一种对教学过程和教学目标的深刻思考和理解。这种理论指导下的模式设计，使得教学活动更具有系统性和针对性。

其次，体育教学模式包含了教学目标、操作程序和师生关系等多个要素。这些要素共同构成了一个相对稳定和完整的教学框架，为教学活动的顺利进行提供了基础。教学目标明确了教学的方向和目的，操作程序规范了教学的步骤和方法，师生关系决定了教学活动的开展方式和互动模式。

最后，体育教学模式是联系体育理论与实践的纽带，是教学理论在体育教学实践中的具体体现。它不仅是一种理论概念，更是一种具体的教学组织策略，是将理论转化为实践的桥梁和载体。在实际的教学过程中，教师可以根据不同的教学模式，灵活地运用各种教学方法和教学手段，为学生提供更加丰富、有效的学习体验。

（二）体育教学方法与教学模式的区别

1. 概念上的区别

体育教学方法和体育教学模式在概念上存在明显的区别：

体育教学方法是实现体育教学目标的途径或手段。它强调的是在教学过程中所采用的具体操作方法，以达到预期的教学效果。体育教学方法包括了各种针对性的教学手段和技巧，如示范、讲解、练习、游戏、模拟比赛等。体育教学方法注重的是实施过程中的具体操作步骤和技术，以及教师和学生在教学活动中的互动关系。它是具体的、操作性强的教学手段，旨在促进学生的学习和发展。

体育教学模式是指具有特定的体育教学思想，为完成体育教学单元目标而设计的相对稳定的教学程序。体育教学模式包含了教学思想、单元教学、教学方法体系和教学程序等多个方面的因素，它是一个更加综合、完整的教学框架。体育教学模式强调的是在特定的教学背景下，根据一定的教学理念和方法，组织和设计教学活动的整体模式。它不仅考虑到了教学方法的选择和运用，还涉及教学目标的确定、教学过程的安排、学生的评价和反馈等方面。

总的来说，体育教学方法侧重于具体的教学操作手段，而体育教学模式则更注重于教学活动的整体设计和组织，包括了教学方法在内的多个因素。体育教学方法是体育教学模式的一个组成要素，而体育教学模式则是一个更为综合和完整的教学框架。

2. 实践选用性上的分析

在体育教学中，教学方法的选用应当根据各项目单元教学的不同阶段进行调整和适应。这种针对不同阶段的教学方法的选用是为了更有效地实现教学目标，促进学生的学习和发展。

在运动技术初步学习阶段，学生初次接触到某项运动技术，对技术动作的掌握还比较生疏。因此，教师应以示范、讲解、分解等为主要教学方法，以直观、清晰地展示正确的技术动作，帮助学生建立正确的动作模式和基础技能。

在改进与提高运动技术阶段，学生已经掌握了基本的技术动作，但还需要进一步改进和提高。因此，教师可以采用纠正错误动作、局部完整练习、辅助学习等方法，帮助学生克服技术上的问题，提高技术水平。

在运动技能巩固与自动化阶段，学生已经基本掌握了技术动作，但需要通过反复练习和巩固，使技能更加稳定和自动化。因此，教师可以采用强化练习、游戏与竞赛、比赛等方法，让学生在不断的实践中巩固技能，提高技术的运用能力。

与教学方法不同，体育教学模式的设计更加综合和复杂，它不仅考虑了教学方法的选择和运用，还涉及了教学思想、教学目标、教学条件等多个方面的因素。因此，在体育教学模式中，教学方法的选用不是简单地按照单元不同阶段来进行的，而需要根据整体的教学理念和教学目标来综合考虑和设计。在配备体育教学方法体系时，应根据模式中各环节的不同特点和要求来选择和操作教学方法，以达到最佳的教学效果。

3. 稳定性分析

在体育教学中，体育教学模式和教学方法确实存在着不同的稳定性。

体育教学模式是在特定的教学思想和理论指导下建立起来的，它具有相对稳定的结构和功能。一旦一个单元的体育教学模式形成，它在单元教学过程中便具有较高的稳定性和不可变性。这意味着在单元目标完成之前，该单元的教学模式基本上不会发生变化。体育教学模式的稳定性有助于教师在教学过程中有清晰的指导框架，有利于学生理解和接受教学内容。

相比之下，教学方法的选择更具灵活性。教学方法是体育教学的具体实施手段，可以根据不同的教学目标、学生特点和教学环境进行选用和调整。教学方法的灵活性意味着教师可以根据具体情况进行创新和调整，以更好地适应不同的教学需求和学生发展水平。

因此，体育教学模式和教学方法在稳定性上存在着明显的区别。体育教学模式具有相对稳定的特性，适用于指导整个单元教学过程；而教学方法则更具灵活性，可以根据具体情况进行选择和调整，以更好地实现教学目标。

二、初中体育教学模式单一的表现

初中体育教学模式单一的表现主要体现在以下 4 个方面：

1. 缺乏多样化的教学理念和指导思想

许多学校和教师在体育教学中往往只采用传统的教学模式，缺乏对不同教学理念和指导思想的探索、尝试。这种单一的教学理念可能会导致教学过程缺乏新意和活力，无法满足不同学生的学习需求。

2. 过分依赖传统的教学方法

在教学实践中，很多教师过于依赖传统的教学方法，如讲解法、示范法等，忽视了其他更加多元化的教学手段和教学方式。这种单一的教学方法可能导致学生的学习方式单一化，无法激发其学习兴趣和潜能。

3. 教学过程缺乏创新和变化

由于教师缺乏多样化的教学理念和教学方法，教学过程往往缺乏创新和变化。学生在长期的教学实践中可能感到乏味和厌倦，无法保持对体育学科的积极性和兴趣。

4. 对学生的个体差异缺乏关注

单一的教学模式往往无法充分考虑学生的个体差异，无法根据不同学生的学习特点和需求进行差异化的教学。这可能导致一些学生在学习体育学科时因遇到困难而产生挫折感，影响其学习动机和学习成绩。

综上所述，初中体育教学模式单一的表现主要体现在教学理念、方法、过程和对学生个体差异的关注上的不足。为了提高教学质量和学生学习效果，有必要积极探索和尝试多样化的教学模式，以更好地满足学生的学习需求和提升教学效果。

三、优化初中体育教学模式的策略

（一）树立正确的师生观，充分发挥学生的主体作用

在当前的体育教学中，往往存在着以教师为中心、学生处于被动地位的

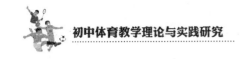

现象。教师主导的教学方式导致学生缺乏学习的积极性和主动性，有些同学还出现对体育课的厌倦情绪。为了优化体育课教学过程，全面推进素质教育，必须树立正确的师生观，充分发挥学生的主体作用。

在教学指导思想上，应当以唯物辩证法为指导，认识到教与学的矛盾主要在于学，而不是教。教师的教只是变化的外因，而学生的学才是变化的内因。因此，在体育教学中，应该强调学生的主体地位，充分调动学生学习的积极性和主动性。这意味着要树立学生主体性教学思想，真正实现“教为主导，学为主体”的教学理念。

具体来说，优化体育课教学过程需要重视以下几个方面：

首先，要从课堂教学的组织和安排上，注重给予学生更多的自主权和参与权。教师可以通过设立小组活动、讨论环节、学生展示等方式，让学生更加积极地参与教学过程，增强学生的学习主动性。其次，要注重体育教学内容的设计和选择。教师应当根据学生的兴趣爱好和学习需求，设计富有挑战性和趣味性的教学内容，激发学生的学习兴趣和热情，促进其身心全面发展。再次，要注重在教学过程中关注学生的个体差异，采用差异化教学策略满足不同学生的学习需求。教师应当根据学生的学习水平、兴趣特点等因素，灵活调整教学方法和教学手段，让每名学生都能够得到有效的学习支持和帮助。最后，要注重培养学生自主学习能力和终身学习意识。教师应当引导学生养成主动探究、自主学习的习惯和能力，让学生在体育课程中不仅能够获得知识和技能，更重要的是能够培养出持续学习、不断进步的品质和素养。

以上措施的落实，可以有效优化体育课教学过程，真正实现“教为主导，学为主体”的教学目标，为学生的身心全面发展提供更加有效的支持和保障。

（二）优化体育教学内容和组织形式

在优化体育教学内容和组织形式时，需要根据体育教学大纲的要求，并结合学生的身心特点、兴趣爱好以及课程任务等因素，设计合理、有趣的教学活动。目前，体育课的基本组织形式主要包括班级授课制和分组教学，而分组教学又可以分为不同组教学轮换和不轮换等形式。然而，简单地采用班级授课模式往往会忽视学生的个体差异和兴趣特点，导致教学过程缺乏趣味性和灵活性，学生的学习积极性和参与度也会受到限制。因此，我们应该倡导分组教学的方式，并根据具体情况进行优化，以满足不同学生的需求和发展。

常见的分组教学方式是根据学生的体能水平和特长爱好进行分组。这样可以确保每名学生都能在适合自己水平的环境中得到锻炼和提高，避免一刀切的教学模式。同时，采用分层次训练的方法，让学生在逐步提高的过程中感受到进步的快乐，增强学习的动力和信心。另外，采用伙伴分组或兴趣分组的方式也是一种有效的教学手段。让学生与志趣相投的同学组成小组，可以增强学生之间的合作意识和团队精神，激发其学习兴趣和积极性。而强化训练则可以针对特定的技能或能力进行有针对性的培养，帮助学生取得更好的成绩和更大的进步。此外，还可以引入游戏、竞赛等多样化的教学活动，让学生在轻松愉快的氛围中学习和锻炼，从而增强他们对体育课程的兴趣和参与度。这些方式的创新和优化可以有效地调动学生的学习积极性，提高教学效果，使体育课程更加生动有趣，更符合学生的需求和发展。

（三）以启发式教学为主导，多种教学方法综合运用与相互配合

以启发式教学为主导，综合运用多种教学方法是优化体育课堂教学的有效途径。启发式教学强调激发学生的学习兴趣和引导他们主动探索，从而达到更深层次的学习效果。在体育教学中，这意味着不仅要注重传授知识和技能，更要培养学生的运动思维和解决问题的能力。

综合运用多种教学方法可以丰富教学内容，使学生在不同的教学环境和情境中得到全面发展。例如，语言法可以用于介绍规则和技术要领，直观法可以通过示范和模仿来帮助学生理解动作和技术，完整与分解法可以将复杂的动作分解为简单的部分进行训练，练习法可以通过反复练习来巩固技能，游戏和比赛法可以增加活动的趣味性和学生的参与度，预防纠正错误法可以及时发现和纠正学生的错误动作。

通过综合运用这些教学方法，可以使体育课堂变得更加生动有趣，学生

更加积极主动地参与其中。同时，这种教学方式也能够更好地满足不同学生的学习需求和特点，促进其全面发展。最重要的是，启发式教学和多种教学方法的综合运用可以让学生不仅掌握知识和技能，更能够理解其背后的原理和意义，培养其创新精神和解决问题的能力，从而实现体育教学的真正目标。

（四）多种教学模式的综合运用

综合运用多种教学模式是优化体育课教学的关键之一。不同的教学模式各有其特点和适用场景，综合运用可以发挥它们的优势，弥补彼此的不足，从而提高教学效果。

例如，成功体育教学模式强调学生在体育活动中取得成功的体验，通过设定适当的目标和提供有效的反馈来激发学生的积极性和主动性。快乐体育教学模式以学生的快乐和体验为重点，通过创造轻松愉快的学习氛围和丰富多彩的教学内容，激发学生的学习兴趣和热情，促进其全面发展。情感体育教学模式注重培养学生的情感态度和价值观，通过体育活动来促进学生的情感交流和团队合作意识，培养其积极向上的心态和品质。

在实际教学中，教师可以根据不同的教学内容、学生特点和教学环境，灵活选择和组合不同的教学模式。例如，在教学体育项目技术时可以采用成功体育教学模式，鼓励学生设定目标并通过不断练习来提高技能水平；在进行体育游戏和竞赛时可以采用快乐体育教学模式，营造欢快的氛围，激发学生的竞争意识和合作意识；在开展团体活动时可以采用情感体育教学模式，倡导情感交流和团队合作，培养学生的团队精神和情感态度。

综合运用多种教学模式，可以使体育课教学更加丰富多彩，更贴近学生的实际需求和兴趣，从而提高教学效果，激发学生的学习热情，促进其全面发展。

（五）重视现代化教学技术的研究开发和使用

在过去几十年里，西方发达国家已经将各种先进的科学技术引入到教学领域中，包括照相、幻灯、录音、投影、摄像机、电影、电视以及计算机等。

这些现代教学媒体的广泛应用，为教学提供了更丰富、更生动的教学资源。

利用现代化教学技术，体育教学可以更加生动、形象地向学生展示运动员的力量和技术，如通过观看动画、电影等视听材料，学生可以直观地了解体育动作的执行过程，从而更加深入地理解和掌握运动技能。这种直观的学习方式不仅可以减轻学生在认知上的负担，还能够激发他们的学习兴趣，增强其对体育活动的参与度和自觉性。

此外，现代化教学技术还可以通过互联网等渠道为体育教学提供丰富的学习资源。学生可以搜索互联网来获取关于运动史、运动技术等方面的资料，拓宽自己的知识面，加深对体育知识的理解。通过对现代化教学技术的利用，体育教学可以更加贴近学生的学习需求，提高教学效果，促进学生的全面发展。

因此，重视现代化教学技术的研究开发和使用，对于优化体育教学、提高教学效果具有重要意义。教育工作者应当不断探索和借鉴先进的教学技术，并将其运用到体育教学中，为学生提供更加丰富、生动的学习体验，推动体育教育的不断发展与进步。

第八章　初中体育教学的未来发展方向

第一节　教学理念更新

在当前的初中教育中，体育课程的重要性不容忽视。健康的身体是学生全面发展的基础，因此体育教育在初中阶段具有重要的地位。然而，一些学校师生将其视为一门次要课程，认为其仅仅是简单的活动课，这严重制约了初中体育教育的发展。面对这种现状，需要以创新的教学理念来引导学校师生正确认识和对待体育教育。教学理念的落后会直接影响学生的学习效果和学习热情。因此，必须让教学理念与时代发展相适应，不断推动初中体育教育事业的发展。

判断教学理念是否与时代发展相适应，关键在于关注其与时俱进的程度。教学理念应该秉持全面发展、个性化教育、创新学习等现代教育观念，注重培养学生的综合素养和健康意识，引导学生掌握科学的运动方法和生活方式。同时，教师也应不断提升自身的教育水平，灵活运用先进的教育技术和教学方法，激发学生的学习兴趣和提高参与度，从而推动初中体育教育朝着更加科学、全面、人性化的方向发展。

一、传统教学理念的局限性

传统体育教学理念在过去发挥了一定的作用，但也存在一些局限性，这些局限性不仅影响着学生的学习效果，还制约了体育教学的进步。

首先，传统体育教学注重技术动作的传授和规范化训练，强调学生在体育项目中的技能表现。然而，这种教学理念可能忽视了学生身心发展的全面性，过分强调技术动作的规范化，忽略了学生个体差异和发展需求。

其次，传统体育教学往往以竞技为导向，注重体育项目的竞赛成绩和排名。这种教学理念可能会导致学生对体育活动产生排斥心理，认为体育只是一种竞争和比较的手段，从而忽视了体育锻炼对身心健康的重要性。

最后，传统体育教学理念往往存在着教师主导、学生被动的教学模式。教师通常扮演着知识传授者和指导者的角色，而学生则被动接受教育，缺乏主动参与和自主学习的机会。这种教学模式可能会削弱学生的学习动机和创造力，限制了其发展空间。

二、现代教学理念的内涵和特点

现代教学理念的内涵和特点体现了对学生全面发展的关注，强调个性化、多元化和创新性。在体育教学领域，现代教学理念的出现不仅是对传统教学模式的一种革新，更是为了满足当代学生的多元需求和发展要求。

首先，现代教学理念强调个性化教育。个性化教育意味着充分尊重和关注学生个体的差异性，注重发挥每名学生的潜能和特长。在体育教学中，个性化教育不仅包括技能训练，还应该考虑学生的兴趣爱好、身体素质和心理特点，为学生提供多样化的体育活动和锻炼方式，使每名学生都能够找到适合自己的体育运动，从而更好地参与和享受体育活动。

其次，现代教学理念倡导多元化教学。多元化教学强调在教学过程中采用多种方法和手段，以满足不同学生的学习需求和学习方式。在体育教学中，多元化教学可以体现在教学内容、教学方法和评价方式上。教师可以组织游戏、合作、竞赛等多种形式的体育活动，激发学生的学习兴趣和参与热情，提高教学效果和学生的学习效率。

最后，现代教学理念注重创新性教学。创新性教学意味着教师要不断探索新的教学方法和教学手段，不断更新教学内容和教学资源，以适应社会发展和学生需求的变化。在体育教学中，创新性教学可以体现在引入新的体育项目、运用新的技术手段、设计新的教学活动等方面。教师可以引入新颖的体育游戏、利用互联网和多媒体技术、开展体育创意活动等，激发学生的创造力和想象力，提高体育教学的吸引力和效果。

现代教学理念对体育教学的启示是，要注重个性化、多元化和创新性，充分尊重和关注学生的个体差异性，采用多种方法和手段满足不同学生的学习需求，不断探索新的教学方法和教学手段，提高教学效果和学生的学习效率。只有这样，才能更好地适应当代学生的发展需求，推动体育教育的不断进步和创新。

三、实施新教学理念的策略和措施

（一）加强教师专业培训，提升教师的教学水平和理念更新意识

要有效实施新教学理念，特别是在体育教学中，加强教师专业培训是至关重要的。这一策略旨在提升教师的教学水平，更新其教育理念，使其能够更好地贯彻现代教育理念。

首先，教师专业培训需要注重理论与实践相结合。培训课程应涵盖体育教学的最新理论和实践经验，同时也要提供具体的教学案例和操作技巧。这样可以帮助教师更好地理解新教学理念的内涵和特点，并将其转化为实际的教学行为。

其次，培训内容应该包括个性化教育、多元化教学和创新性教学等方面。教师需要了解如何根据学生的个体差异设计个性化的教学方案，以及如何运用多种教学方法和教学手段满足不同学生的学习需求。同时，教师还应该学习如何引入新颖的教学内容和活动，激发学生的学习兴趣和创造力。

再次，培训形式可以多样化，包括集中培训、分散培训、在线培训等。教育机构可以组织专门的培训班或研讨会，邀请专家学者和资深教师进行讲授和指导。同时，也可以利用互联网和现代技术手段，开展在线教育和远程培训，让更多的教师参与其中，提高培训的覆盖面和效果。

最后，要建立健全培训评估机制，及时跟踪培训效果。通过定期评估教师的培训需求和培训效果，及时调整培训内容和方式，确保培训工作能够取得实际成效，提升教师的教学水平和理念更新意识。

（二）制定和完善体育教育课程标准，明确教学目标和内容

制定和完善体育教育课程标准是实施新教学理念的关键措施之一，它有助于明确教学目标和内容，指导教师进行教学活动，提高教学质量。

制定体育教育课程标准需要结合现代教学理念和教育要求，明确教学目标和内容。这些标准应该包括学生身心发展的全面性要求，既包括技能水平的培养，又包括体育素养、健康意识和团队合作能力等方面的培养。明确的目标和内容可以为教师提供明确的教学方向和依据，使教学更具有针对性和有效性。

体育教育课程标准的制定需要考虑学生的个体差异和学习需求。标准应该根据学生的年龄、性别、身体素质和兴趣爱好等因素进行细化和个性化设计，以满足不同学生的学习需求和发展水平。个性化的课程设置和教学安排可以更好地激发学生的学习兴趣和参与热情，提高教学效果和学习效果。

体育教育课程标准的制定还需要考虑社会需求和行业发展趋势。随着社会的不断进步和发展，人们对体育教育的需求也在不断变化，体育教育课程标准应该紧密结合社会需求和行业发展趋势，及时调整和更新教学内容和教学方法，以适应时代发展的要求。

最后，要加强对体育教育课程标准的宣传和推广，促进其在教育实践中的落实和应用。教育主管部门可以通过组织培训会议、发放宣传资料等方式，向教师和学校传达课程标准的重要性和意义，引导其积极采用并贯彻执行相关标准，推动体育教育的不断改进和提升。

（三）面向未来，探索更加科学、人性化的教学理念和方法

面向未来，探索更加科学、人性化的教学理念和方法是教育改革和发展的必然趋势。在体育教学领域，随着社会的发展和科技的进步，教育理念和方法也在不断更新和完善，以适应时代的需求和学生的发展。

科学的教学理念和方法需要紧跟时代发展的步伐，充分融合信息技术、认知科学、心理学等相关学科的研究成果。随着科技的不断进步，教育也面

临着新的挑战和机遇。教师可以借助现代技术手段，如人工智能、虚拟现实、增强现实等，创造更丰富、更互动、更个性化的学习体验。同时，还可以结合认知科学和心理学的理论，深入了解学生的学习过程和心理特点，制定更科学、更有效的教学策略，促进学生的学习和发展。

人性化的教学理念和方法强调尊重和关爱每名学生的个体差异，注重培养学生的人文素养和社会情感。教育不仅仅是知识的传授，更是人格的塑造和情感的培养。教师应该注重与学生的情感沟通，建立起亲近和信任的师生关系，关注学生的心理健康和情感需求，引导其健康成长、全面发展。同时，也要注重培养学生的人文素养，提高学生的社会责任感和公民意识，培养其成为具有良好道德品质和社会主义核心价值观的公民。

最重要的是，探索更加科学、人性化的教学理念和方法需要全社会的共同努力。政府部门应该加大对教育改革和发展的支持力度，提供更多的政策支持和资源保障；学校和教育机构应该加强教师队伍建设，提升教师的教育水平和教育能力；教师要不断学习和进步，积极探索教学实践，不断总结经验，不断创新教学方法，为学生提供更优质的教育服务。

（四）建立教育评价和监测机制，不断优化教学模式和方法

建立教育评价和监测机制是确保教学模式和方法持续优化的重要举措。这一机制旨在通过系统性的评价和监测，及时发现问题、总结经验，以便调整和改进教学模式和方法，以适应不断变化的教育需求和学生特点。

首先，教育评价和监测机制需要建立科学、客观、全面的评价体系。这个体系应该包括学生学习成绩的评价、教学过程的评价、教学质量的评价等多个方面，以全面了解教学效果和教学质量。评价指标应该具有科学性和可操作性，能够客观地反映学生的学习状况和教学效果。

其次，教育评价和监测机制需要注重定期和持续性的监测和评估。教育是一个动态的过程，教学模式和方法也在不断发展和变化，因此需要定期对教学活动进行监测和评估，及时发现问题和不足，采取有效的措施加以改进。同时，也需要建立长期的监测机制，对教育改革和发展的效果进行持续性评

估，为教育政策的制定和实施提供科学依据。

再次，教育评价和监测机制还需要充分借鉴国际经验和先进技术手段。随着信息技术的发展，教育评价和监测可以利用大数据分析、人工智能等技术手段，更加高效地收集和分析数据，为教学模式和方法的优化提供科学依据。同时，也可以通过国际比较研究等方式，借鉴其他国家和地区的成功经验，促进教育改革和发展。

最后，教育评价和监测机制需要注重教师和学校的参与和反馈。教师和学校是教育活动的主体，他们对教学模式和方法的改进有着直接的影响和作用。因此，应该鼓励教师和学校积极参与评价和监测工作，提出自己的意见和建议，共同推动教育的持续改善和进步。

第二节　技术融合

一、技术融合理论与框架

（一）技术融合的概念与内涵

技术融合是指将不同类型的技术有效地结合和整合，以创造新的教学模式、方法和环境，它在教育领域被视为一种创新的教学方法和教学理念，其概念与内涵包含了多个方面。首先，技术融合并非仅限于单一形式的技术应用，而是将各种形式的技术有效地结合和整合，包括信息技术、通信技术、虚拟现实技术、人工智能技术等。这种多样化的技术形式融合为教学提供了更丰富、更灵活的选择。其次，技术融合强调教育与技术的密切结合，将技术视为教育的有机组成部分，而不仅是简单的辅助手段。技术应当与教学目标紧密结合，为实现这些目标提供有效的支持和保障。

教育目标与技术的有机结合是技术融合的核心理念之一。教学目标应该直接指导技术的选择和应用，而技术则应当为教学目标的实现提供支持。这种紧密的结合使得教学过程更加有效和高效。另外，技术融合还涉及学习环境的创新与优化。通过技术手段，教育可以创造新的学习环境，包括传统的课堂环境、线上学习环境以及虚拟现实中的学习环境，从而提升学生的学习体验和学习效果。

在技术融合的框架下，教学方法也得到了创新与变革。教师可以通过技术融合采用更加多样化的教学方式，如个性化教学、协作式学习、游戏化学习等，可以更好地满足不同学生的学习需求。这种教学方法的创新和变革促进了教学的灵活性和个性化发展，为学生提供了更丰富的学习体验。

（二）技术融合在教育领域的理论基础

技术融合在教育领域的实践与发展是建立在多个理论基础之上的，这些理论支撑着技术融合在教学中的有效应用和持续发展。

1. 构建主义理论

构建主义理论强调学习是一个主动的、个体建构知识的过程，而不是被动接收信息。学生通过参与实践活动和与环境的互动来建构自己的理解。这种理论强调学习者自我建构知识的能力，将学习者视为知识的主体。在构建主义理论中，教师的角色是提供引导和支持，以促进学生的主动学习和思考。

在技术融合的教学中，构建主义理论侧重于学生的主动参与和探究。技术被视为促进学生建构知识的工具和环境。通过技术工具，学生可以更加活跃地参与到学习过程中，进行实践活动，从而建构自己的理解。例如，利用多媒体教学软件、模拟实验软件等技术工具，学生可以在虚拟环境中进行实验和操作，从而深入理解抽象的概念和原理。

2. 认知负荷理论

认知负荷理论关注学习者在学习过程中所承受的认知负荷，认为学习效果受到认知负荷的影响。认知负荷分为内在认知负荷、外部认知负荷和倾向认知负荷三种。内在认知负荷是指学习任务本身的复杂程度，外部认知负荷是指学习环境中与学习任务无关的干扰因素，而倾向认知负荷则是指学习者为了理解任务而努力加工信息的负荷。

技术融合可以通过合理设计教学环境和利用技术工具来降低学习者的认

知负荷，从而提高学习效率和学习质量。例如，使用多媒体教学资源，可以将复杂的概念以图文结合的形式呈现，帮助学生更好地理解。另外，利用在线学习平台和虚拟实验室等技术工具，可以减少学生在实际操作中的认知负荷，提高学习效率。

3. 建构性对话理论

建构性对话理论认为学习是一种社会过程，学生通过与他人进行建构性的对话和合作来共同建构知识。在这种理论视角下，学习被看作是一个社会性的活动，学生与同伴和教师进行互动交流，共同建构对世界的理解和认识。建构性对话强调了学生之间的互动和合作对于知识建构的重要性。

技术融合可以提供在线交流和协作的平台，促进学生之间的互动和合作，从而促进知识的共同建构。例如，利用在线讨论平台、协作文档编辑工具等技术，学生可以与同伴共同探讨问题、交换观点、解决问题，从而加深对知识的理解和应用。通过建构性对话，学生不仅可以从他人的经验和见解中学习，还可以向他人表达自己的想法来巩固自己的理解。

4. 媒体生态理论

媒体生态理论主张在一个“媒体生态系统”中进行教学设计，考虑到技术在学习过程中的重要性。该理论强调了技术与其他教学要素之间的交互作用和关系。在媒体生态环境中，不同形式的技术被视为教学生态系统中的一部分，相互交织、相互影响。

技术融合的教学模式应当充分考虑不同技术之间的交互作用，以及技术与其他教学要素之间的关系，从而创造一个有利于学习的媒体生态环境。例如，教师可以结合使用多媒体教学资源、虚拟实验室、在线学习平台等多种技术，以提供丰富多样的学习体验和学习资源，从而满足不同学生的学习需求。这种媒体生态环境可以促进学生在不同媒体之间的无缝切换和跨越式学习，提高学习的效率和质量。

5. 行为主义理论与认知理论结合

行为主义理论强调外部刺激对行为的影响，认为学习是通过对外界刺激做出反应而形成的。而认知理论则关注个体的思维过程和内在认知结构，认为学习是一个积极的、内在的认知活动。

技术融合可以通过设计个性化、互动性强的学习环境，结合行为主义和认知理论的特点，更好地促进学生的学习和发展。在这种学习环境下，技术被用来提供个性化的学习资源和任务，以满足不同学生的学习需求。同时，技术还可以提供实时的反馈和指导，帮助学生调整学习策略，提高学习效率。

例如，智能化学习系统可以根据学生的学习情况和需求，为其提供个性化的学习内容和任务。学生可以与系统进行互动，获得实时的反馈和指导，从而更好地掌握知识和技能。这种个性化、互动性强的学习环境既考虑到了外部刺激对学习的影响（行为主义），又重视了学生的思维过程和内在认知结构（认知理论），从而更好地促进学生的学习和发展。

综上所述，技术融合在教育领域的实践和发展是建立在多种理论基础之上的。这些理论支撑着技术融合在教学中的有效应用和不断创新，为教育教学提供了理论指导和方法论支持。

（三）技术融合在初中体育教学中的意义

1. 促进学习效果的提升

技术融合为初中体育教学提供了丰富的教学手段和资源。通过运用多媒体、智能化设备以及虚拟现实技术等，教师可以将抽象的体育知识以生动形象的方式传达给学生，使学生更加直观地理解课程内容。例如，利用多媒体展示体育动作的演示视频，学生可以清晰地了解动作的要领和技巧，从而更快地掌握技能。此外，利用智能化设备进行体育训练，可以实时记录学生的运动数据，并进行分析和评估，帮助学生及时调整训练方案，提高训练效果。这些技术手段的运用不仅丰富了教学内容，还使得教学过程更加生动、高效，从而促进了教学效果的提升。

2. 改进学生学习体验

技术融合为学生提供了更加丰富、多样化的学习体验。传统的体育教学往往以教师为中心，学生的参与度较低。而技术融合的教学模式则更加注重学生的主动参与和体验。例如，利用虚拟现实技术，学生可以身临其境地体验各种体育运动场景，增强学习的趣味性和参与感。又如，在团体运动中，利用智能化设备进行实时数据记录和比赛模拟，不仅能够激发学生的竞争意识，还能够增强学生对体育运动的兴趣和热情。这种基于技术融合的教学模式使得学生的学习过程更加生动、积极，提高了学生学习的主动性和参与度。

二、初中体育与技术融合的设计与实施

（一）设计原则

1. 个性化

个性化设计是指根据学生的个体差异和学习需求，量身定制教学内容和教学方法。利用现代技术，可以收集和分析学生的学习数据和个性化信息，为每名学生提供适合其特点和水平的教学内容和教学任务。例如，智能化学习系统可以根据学生的学习进度和能力水平，自动调整教学内容和难度，实现个性化的学习体验。

2. 互动性

互动性是指学生与教学内容、教师以及其他学生之间的交互活动。现代技术可以提供丰富多样的互动方式，如在线讨论、虚拟实验、游戏化学习等，激发学生的学习兴趣和提高参与度。互动性强的教学设计可以促进学生之间的合作与交流，提高学习效率和质量。

3. 可视化

可视化是将抽象的概念和内容以图像、视频等形式直观呈现出来，以帮助学生更好地理解和掌握知识。现代技术提供了丰富的多媒体资源和工具，可以将体育动作、规则、策略等内容以可视化的方式展示给学生。例如，利用多媒体教学软件和运动录像分析工具，可以将体育动作的技巧和要领以动画或视频的形式呈现，帮助学生更直观地理解和模仿。

4. 跨平台适配

跨平台适配是指教学内容和资源能够在不同的设备和平台上进行无缝切

换和访问。现代技术融合的教学设计应当考虑学生可能使用的各种设备和平台，如电脑、智能手机等，确保教学内容和资源能够在不同平台上流畅展现和使用。这样可以方便学生随时随地进行学习，提高教学的灵活性和便捷性。

（二）技术与体育教学实践的融合

技术与体育教学实践的融合，可以极大地丰富教学内容，提高教学效果，增加学生的学习兴趣和提高参与度。

1. 课堂教学

在课堂教学中，利用多媒体教学资源和智能化设备，可以极大地丰富教学内容，提高教学效果，教师在课堂上可以播放视频或动画，直观地展示体育动作的技巧和要领。通过观看视频和动画，学生可以清晰地看到体育动作的每一个细节和关键点，从而更容易理解和模仿。例如，在篮球课上，教师可以播放篮球技术教学视频，展示如何正确进行运球、投篮、防守等动作，让学生通过视觉感受动作的正确执行方式，加深学生对技术要领的理解和掌握程度。教师还可以利用智能化设备进行实时数据记录和分析，例如运用智能手环、运动追踪器等设备，可以对学生的运动姿势、成绩等进行实时监测和记录。教师可以利用这些数据对学生的表现进行评估和反馈，指导学生有针对性地调整训练方案，及时纠正错误动作，提高训练效果。例如，在田径训练中，教师可以使用智能运动追踪器对学生的跑步速度、步幅、姿势等进行记录，通过数据分析找出问题并给予改进建议，帮助学生不断提高跑步技术。

2. 课外活动

在课外活动中，技术的融合为学生提供了更加多样化和丰富的体育体验，同时也促进了其自主学习的自觉性。

学生利用体育相关的移动应用进行自主训练，如跑步记录、运动健身指导等，是一种有效地提高其运动意识和自律性的方式。通过这些应用，学生可以记录自己的运动数据、制订训练计划，并获得相应的指导和建议。例如，学生可以使用跑步记录来追踪自己的跑步里程、速度和时间，从而了解自己的跑步表现并设定合适的训练目标。这种个性化的自主训练可以有效地激发学生的运动兴趣，提高其主动参与度。

虚拟现实技术是一种利用计算机技术模拟现实场景并借助特殊的设备使用户可以身临其境地感受到这些场景的技术。利用虚拟现实技术，学生可以在虚拟的环境中不受时间和地点的限制进行各种体育运动体验。这种技术模拟现实场景，将用户置身于虚拟的体育运动环境中，使他们能够身临其境地感受运动的乐趣和挑战。

学校引入虚拟现实技术为学生提供虚拟体育运动场景的体验，如登山、滑雪等，不仅丰富了学生的课外活动内容，还能够激发学生的体育兴趣。通过虚拟现实技术，学生可以身临其境地体验各种体育运动，无需实际进行就可以感受运动的乐趣和挑战。这种虚拟体育体验不仅可以吸引学生的注意力，还能够激发学生的想象力和创造力，提高其对体育运动的积极性。

3. 学校体育赛事

学校体育赛事是学生展示体育才华、锻炼团队合作精神的重要平台，而技术的融合可以为这些赛事带来新的活力和可能性。

在学校举办的体育赛事中，利用智能化设备对比赛数据进行实时记录和分析，是一种有效地提高比赛的质量和可视性的方式。这些设备可以准确地记录比赛过程中的各项数据，如得分、时间、运动员表现等，为裁判和观众提供客观公正的数据依据。同时，这些数据也可以用于实时分析和比赛回放，帮助教练和运动员了解自己的表现和对手的特点，从而调整战术和策略。通过网络直播等方式向校内外进行传播，可以让更多的人了解比赛的情况，增加比赛的可视性和互动性，提升赛事的影响力和吸引力。

引入电子竞技赛事，如体育类电子游戏比赛，可以为学生提供一个崭新的竞技平台，满足其娱乐需求，同时也能锻炼学生的反应能力和团队合作精神。在这些比赛中，学生可以组队参与各种体育类电子游戏的比赛，通过游戏来模拟和体验真实的体育竞技场景，培养团队协作和沟通能力。这种电子竞技赛事既能够吸引更多的学生参与，又能够促进学生之间的交流和合作，丰富了学校体育赛事的形式和内容。

综上所述，在学校体育赛事中通过以上措施、技术与体育教学实践实现了有效的融合，为体育教学带来了新的活力和可能性。同时，教师需要不断学习和掌握相关的技术知识，不断创新教学方法，以更好地利用技术促进学生的全面发展。

三、基于技术融合的初中体育教学模式

（一）基于翻转课堂的初中体育教学模式

翻转课堂是一种教学模式，其核心理念是颠覆传统的教学模式，将课堂内外的学习活动进行颠倒。在传统教学中，教师在课堂上向学生传授知识，学生在课后完成作业，而在翻转课堂中，学生通过预习、观看视频等方式在课外学习知识，在课堂上进行实践、讨论和深化学习。

在课前阶段，教师可以对学生充分了解，进行合理分组，选取适当的学习资料，如体育技巧讲解视频、运动训练指南等，并将其发送给学生，要求学生在课前进行预习。这种方式可以让学生在课堂上更好地理解和应用所学知识，提高学习效率。在课中阶段，学生可以在小组内展开讨论，分享彼此的理解和体验。例如，教师可以设计小组任务，要求学生在课中通过合作完成某项体育运动技能的练习或者解决某个运动项目中的问题。这样的活动不仅能够促进学生之间的交流和合作，还可以加深对知识的理解和记忆。在课后阶段，教师可以与学生进行一对一的交流，了解他们对课堂内容的理解和反馈。同时，教师还可以根据学生的学习情况，提供个性化的指导和建议，帮助其更好地消化和吸收所学知识。这样的交流和指导有助于激发学生对体育学科的学习兴趣和提升自信心。

翻转课堂模式在初中体育教学中的实际应用需要一系列的步骤和策略。首先，教师应做好课前设计，包括提供相关的理论资料供学生预习，并创新教学模式以提高学生的参与度。例如，在教授田径项目时，教师可以在课前为学生提供关于跨栏跑的理论资料，让学生预习并尝试练习。在课堂上，教师可以使用虚拟现实技术辅助教学，增加趣味性，提高学生的学习积极性。其次，开展互动教学，解决学生在预习过程中遇到的问题。教师要集中回答

学生的问题，并在展示学生预习成果的过程中指出错误并进行纠正，然后通过双向互动教授学生正确的训练技巧。例如，在教授篮球项目时，教师可以让学生展示篮球基础动作，然后纠正错误并示范正确的动作要领，以帮助学生真正掌握篮球技术。最后，利用教学设备激发学习兴趣。教师可以利用多媒体教学设备为学生播放教学视频，让学生直观地感受体育动作，并加深对知识的理解和印象。例如，在教授篮球投篮动作时，教师可以播放教学视频，让学生观看并自主进行练习，以提高学生的学习效率和兴趣。

（二）初中体育线上线下混合式教学模式

随着互联网时代的兴起，国家越来越重视教育与网络的结合。从最初提出的“互联网＋教育”计划，到发布教育信息化政策，再到教育现代化目标的实现，都显示了国家对混合式教学模式的支持。在这种背景下，混合式教学模式必然会在体育教育领域得到更广泛的应用。

结合网络教学和实践教学，形成线上线下混合式教学模式，这成为一种新兴的教学模式。这种教学模式符合学生对网络的兴趣，具有一定的吸引力。在线上教学中，教师不仅可以通过文字、图片、视频、直播等多种形式展示教学内容，还能够利用网络优秀的教学资源，让学生观看动作技术，从而丰富了教学形式和资源，激发了学生的学习兴趣和提高了积极性。

在体育课程上，教师可能受到年龄、伤病或技术不足等因素的影响，无法做到标准规范的示范性动作，线上教学平台可以为学生提供丰富的教学资源，让学生通过反复观看来强化技术的动作要领。例如，在面对背越式跳高等较难掌握的技术动作时，学生可以在线上反复播放、观察和比较，逐步理解和掌握动作要领，这弥补了面对面教学示范的不足。

当前，网络教学工具和平台众多，包括课程管理平台、音视频交互工具、文件上传平台以及即时通信工具等。这些网络教学平台不仅使教学过程可视化，而且实现了教学的远距离操控和跟踪。通过视频教学，学生可以建立班级并通过手机录制作业进行上传，方便教师及时评价和监督学生的学习情况，促进教学的时效性和有效性。

线上线下混合式教学模式的出现，不仅丰富了教学形式和教学资源，激发了学生的学习兴趣和提高了参与度，同时也实现了教学的远距离操控和跟踪，为教学过程带来了便利和高效。

初中体育线上线下混合式教学模式的实施需要结合实际情况，以下是一些实施步骤和建议：

1. 制订教学计划和课程安排

教师首先需要制订详细的教学计划和课程安排，包括线上和线下教学的内容、时间安排、学习目标等。这样有助于确保教学的有序进行，并使学生和家长能够清晰了解教学进度和要求。

2. 选择合适的线上教学平台和工具

教师需要选择适合初中体育教学的线上教学平台和工具。常见的平台包括钉钉、腾讯课堂、Zoom 等，这些平台可以支持文字、图片、视频等多种形式的教学内容展示和交流。

3. 准备教学资源和教学资料

教师需要准备好线上教学所需要的教学资源和教学资料，包括文字材料、图片、视频等。这些资料应该能够清晰地传达教学内容和技能要领，有助于学生的理解和学习。

4. 线上课堂教学

在线上课堂教学阶段，教师可以通过线上平台进行直播授课、发布教学视频、展示教学资料等。教师可以结合文字、图片、视频等多种形式，生动地向学生展示体育技能和知识，讲解技术要领和注意事项，引导学生进行讨论和互动。

5. 线下实践和体育活动

线下实践和体育活动是初中体育教学的重要组成部分。教师可以安排学生在家中进行简单的体育锻炼和训练，如跑步、力量训练、柔韧性训练等。同时，可以安排学生在学校或户外进行体育活动，如篮球、足球、田径等项目的练习和比赛。

6. 学生作业和评价

教师可以通过线上平台发布学生作业和任务，并及时对学生作业进行评价和反馈。评价可以包括技能表现、体育知识掌握情况、参与度等方面，以帮助学生全面发展和提高。

总的来说，初中体育的线上线下混合式教学模式的实施需要教师充分准备教学资源和教学计划，选择合适的教学平台和工具，通过线上课堂和线下实践相结合的方式，全面开展体育教学活动，以激发学生的学习兴趣和提高学习效率。

四、技术融合带来的挑战与应对策略

（一）技术设备成本

技术融合在教育中带来了许多机遇，但同时也伴随着一些挑战，技术设备的成本问题就是其中之一。在推进技术融合教育的过程中，学校和教育机构需要投入大量的资金购买和更新技术设备，如台式电脑、平板电脑、互动白板等，以及相应的软件和网络设备。对于一些经济条件相对较差的学校或地区，这些成本可能是一个不小的负担，甚至可能无法承担。

针对技术设备成本带来的挑战，教育机构可以采取一些应对策略。首先，可以寻求政府的支持和资助，争取更多的教育经费用于技术设备的采购和更新。例如，政府可以制定政策和开展项目，向学校提供资金补助或设备补贴，帮助学校解决技术设备成本问题。其次，可以探索采用更加经济实惠的替代方案或资源共享方式。例如，学校可以考虑购买性价比较高的技术设备，选择功能相对简单但价格较低的设备，以满足基本的教学需求。此外，学校还可以与其他学校或教育机构合作，共同购买和共享技术设备，降低采购成本，提高资源利用效率。最后，可以通过积极开展筹款活动或向社会募捐等方式筹集资金。例如，学校可以组织各种形式的募捐活动，动员校友、家长、企业等社会力量积极参与，共同为学校采购和更新技术设备筹集资金。

（二）教师技术素养不足

教师技术素养不足是技术融合教育中的另一个重要挑战。随着技术的不断发展和普及，教师需要掌握和应用各种新技术来支持教学活动。然而，许多教师可能缺乏必要的技术知识和技能，无法充分利用现有的技术设备和工具，影响了技术融合教育的实施效果。

针对教师技术素养不足带来的挑战，可以采取以下一些应对策略：

首先，提供系统的培训和培养计划。学校和教育机构可以组织各种形式的培训活动，包括短期培训班、工作坊、在线课程等，帮助教师提升技术素养。培训内容可以涵盖教学技术的基本知识、常用教学工具的使用方法、在线教学平台的操作技巧等，以满足不同教师的需求。

其次，建立技术支持体系和资源共享平台。学校可以设立专门的技术支持团队，为教师提供技术咨询、指导和支持服务。同时，可以建立资源共享平台，收集整理各类优质的教学资源和教学案例，供教师参考和借鉴，提高其教学效果和创新能力。

再次，鼓励和促进教师之间的互相学习和交流。学校可以组织教师交流会、教学观摩活动等，让经验丰富的教师分享自己的教学经验和技术应用案例，帮助其他教师学习和提高。此外，可以建立教师技术社区或网络平台，让教师们能够随时随地进行在线交流和互助，共同探讨和解决教学中遇到的技术问题。

最后，学校和教育机构需要给予教师足够的支持和鼓励，激发其学习和探索的积极性。可以通过提供奖励和荣誉加强对教师的激励和引导，以及制定相关政策和措施来促进教师技术素养的提升，从而推动技术融合教育的发展。

参考文献

[1] 汪立明，陈玉珏，李强 .《义务教育体育与健康课程标准（2022 年版）》探析 [J]. 教育与教学研究，2023（9）.

[2] 体育与健康修订组 ."健康第一"以体育人：义务教育体育与健康课程标准（2022 年版）解读 [J]. 基础教育课程，2022（10）：74–80.

[3] 于欢 . 中学体育教学改革与创新研究 [M]. 北京：航空工业出版社，2019.

[4] 沈建华，陈融 . 学校体育学 [M]. 北京：高等教育出版社，2010.

[5] 潘绍伟，于可红 . 学校体育学 [M]. 北京：高等教育出版社，2008.

[6] 杨贵仁 . 中国学校体育改革的理论与实践 [M]. 北京：高等教育出版社，2016.

[7] 毛振明 . 体育教学改革新视野 [M]. 北京：北京体育大学出版社，2003.

[8] 龚正伟 . 体育教学论 [M]. 北京：北京体育大学出版社，2004.

[9] 张秀丽，葛新 . 学校体育学 [M]. 重庆：重庆大学出版社，2019.

[10] 赵咏，李兵 . 中学体育教学理论与实践创新研究 [M]. 延吉：延边大学出版社，2019.

[11] 王彦飞 . 当代学校体育与教学 [M]. 赤峰：内蒙古科学技术出版社，2021.

[12] 吕青，周林清 . 中学体育教学理论与方法创新 [M]. 北京：北京体育大学出版社，2014.

[13] 李欣，刘纯献，赵子建 . 体育心理学 [M]. 重庆：重庆大学出版社，2018.

[14] 邱伯聪，潘春辉，钟伟宏 . 体育多元教学论 [M]. 长春：吉林人民出版社，2020.

[15] 袁军 . 新课改下初中体育教学方法的改革与创新思考 [J]. 教师，2015（32）.

[16] 刘杰 . 关于中学体育教学方法创新的思考与建议 [J]. 教育：文摘版，2016（12）.

[17] 张海雁 . 新课标下初中体育课程资源的开发与利用 [J]. 读与写，2020（9）.

[18] 邓健哲 . 新课标下初中体育课程资源的开发与利用 [J]. 精品生活，2023（2）.

[19] 王建敏 . 新课改背景下田径课分层教学探究 [J]. 田径，2016（5）.